The Art of Empathy

マンガで読み解く

プロカウンセラーの共感の技術

原作・杉原保史
Yasushi Sugihara
漫画・やまさき拓味
Hiromi Yamasaki
作画スタッフ／バディプロダクション
トマス中田、井内貴之、早川恵子

創元社

The Art of Empathy

プロカウンセラーの共感の技術

—目次—

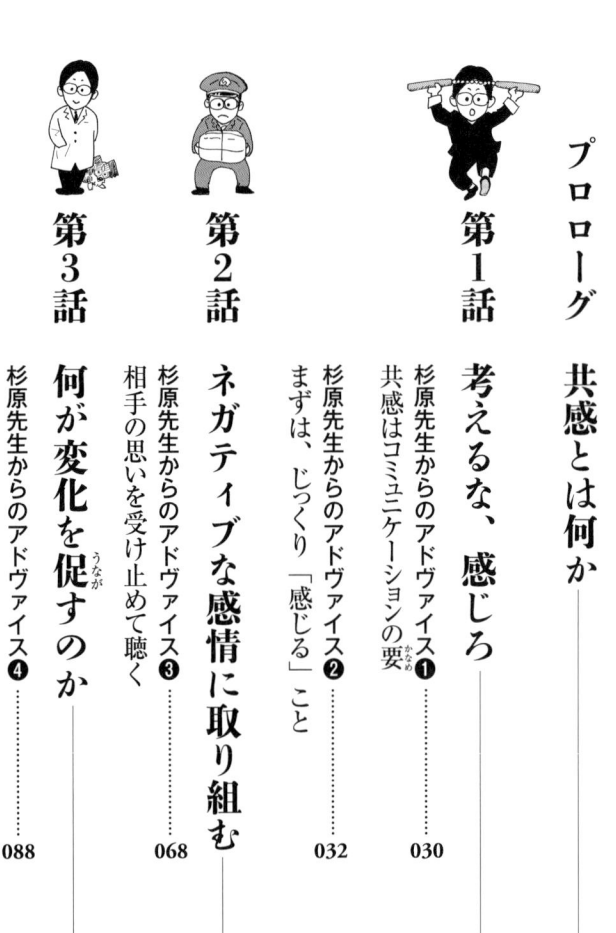

★この作品はフィクションです。実在の人物・団体・事件などには、一切関係ありません

プロローグ

共感とは何か

多くの人は、共感とは
「相手の感じているのと同じ感情を具体的に
そっくりそのまま感じること」だと考えていますが、
それでいいものでしょうか？

京都大文字山
心理カウンセリング・ルーム
ブン
ブン
私はカウンセラーとして様々な方の悩みをお聴きしてます
ようこそカウンセリングルームへ
世の中は悩み事だらけです

性格の悩み
部下と上司の悩み
親の介護の悩み
どんな悩みであってもそこで求められているのは……
相手からの〝共感〟です
悩み相談において最も重要なのは〝共感〟であると言われています
さて…みなさん〝共感〟とは何でしょうか
みなさんは犯罪被害者の気持ちがわかりますか？
災害被災者の気持ちに〝共感〟できますか？
健康な人に重い病気を患っている患者の気持ちがわかりますか？
同じ経験をしたことがなくて相手の気持ちがわかるのか…

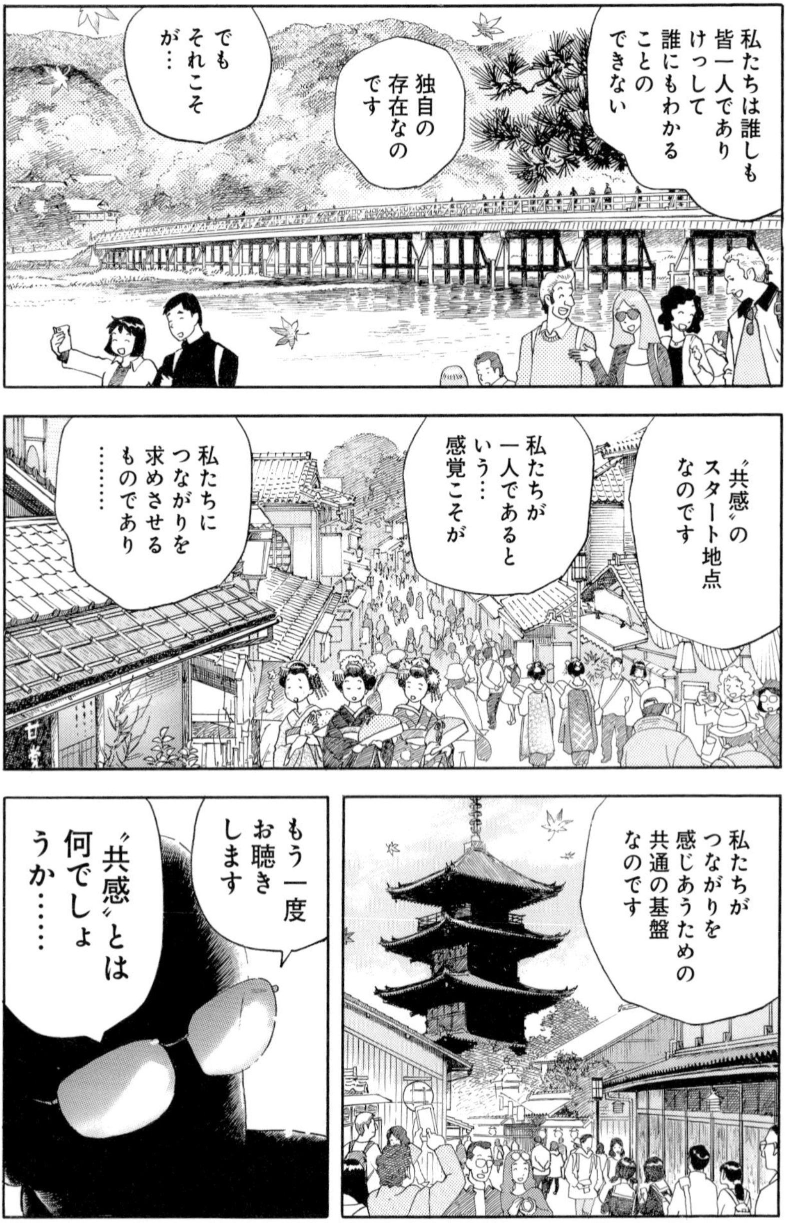

私たちは誰しも皆一人でありけっして誰にもわかることのできない
独自の存在なのです
でもそれこそが…
〝共感〟のスタート地点なのです
私たちが一人であるという…感覚こそが
私たちにつながりを求めさせるものであり……
私たちがつながりを感じあうための共通の基盤なのです
もう一度お聴きします
〝共感〟とは何でしょうか……

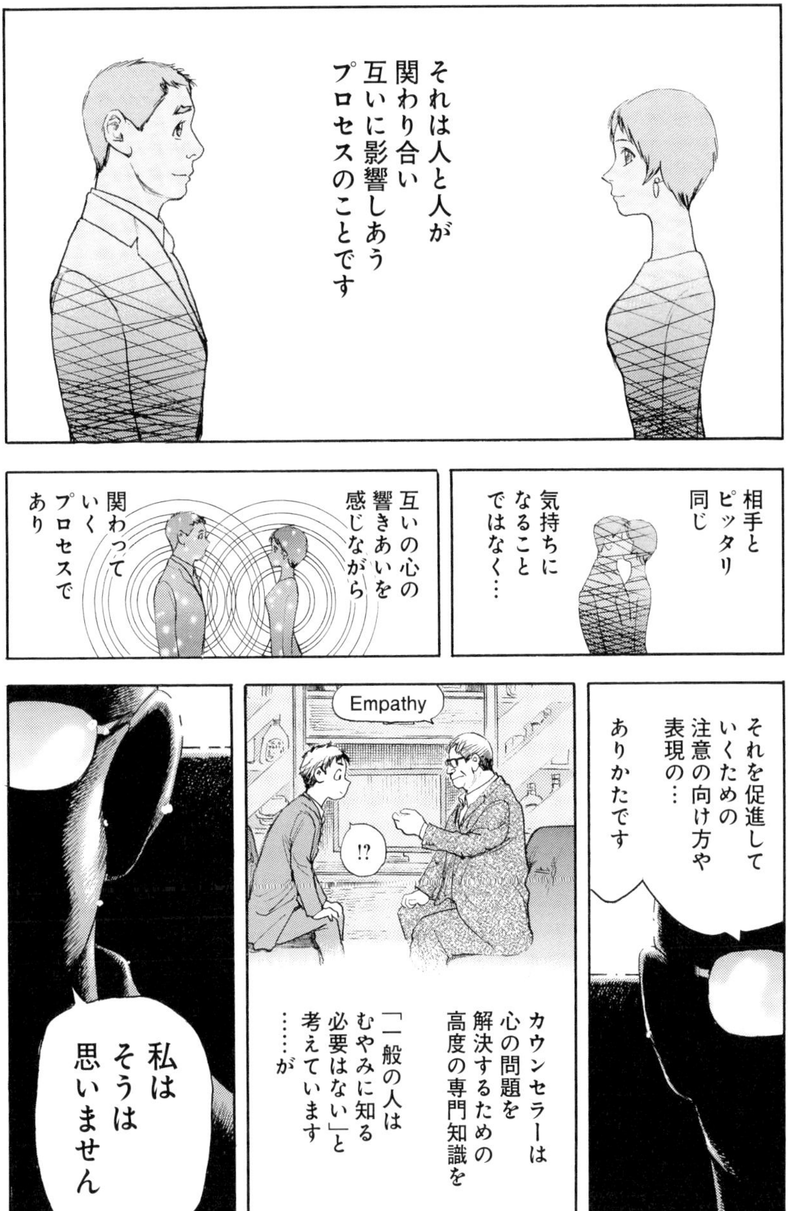
それは人と人が
関わり合い
互いに影響しあう
プロセスのことです
相手と
ピッタリ
同じ
気持ちに
なること
ではなく…
互いの心の
響きあいを
感じながら
関わって
いく
プロセスで
あり
それを促進して
いくための
注意の向け方や
表現の…
ありかたです
Empathy
!?
カウンセラーは
心の問題を
解決するための
高度の専門知識を
「一般の人は
むやみに知る
必要はない」と
考えています
……が
私は
そうは
思いません

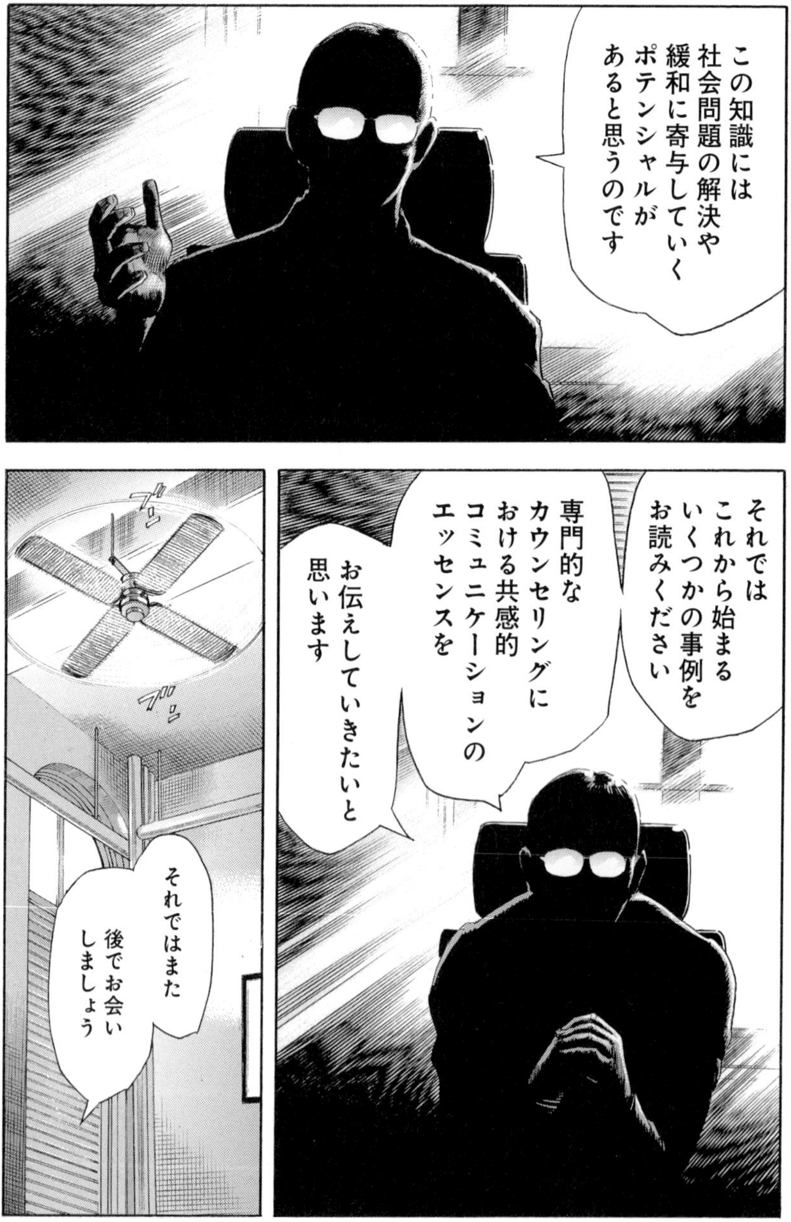
この知識には社会問題の解決や緩和に寄与していくポテンシャルがあると思うのです
それではこれから始まるいくつかの事例をお読みください
専門的なカウンセリングにおける共感的コミュニケーションのエッセンスを
お伝えしていきたいと思います
それではまた後でお会いしましょう

第1話

考えるな、感じろ

感じていることに注意を向けることが共感のスタート地点

アチョオ——ッ
アタタタタタタタタ——ッ
アオオ——ッ
考えるな
感じろ!!

近代の歴史の中で
われわれは
淋しさや
空しさを
癒すために
次々と
商品を
開発し
買い求めて
きました
それが…
豊かさと
生きることで
あり
選べる
ASEL
幸せを手に
入れること
だと…
OPEN
信じてきた
からです

私たちが
瞬時にやりとりが
できる
情報量は
膨大となり
私たちの
生活はますます
便利で快適となって
きました
私たちは十分に
豊かになり
飢えることもなく
寒さに打ち
震えることも
ありません
しかし…
幸福な人
人生に喜びを
感じている人
人生に深い意味を
感じている人……

大いなる満足感をもって死を迎える人が……
当たり前にたくさんいる世の中になったのでしょうか……

おまえ昨日の面接どうだったの
たぶん合格だろうな
たいした自信だな
企業がオレたち学生に求める能力として一番に挙げるのは…
どこも同じさ
同じって？
コミュニケーション能力さ！
つまり他者と
どううまくコミュニケーションをとれるかどうかってこと！
オレはたっぷりとれると言ってやったよ
ははははははは
ねぇ聴いてくれる
なに？なに？

私 最近 クラシック 音楽に はまってて ね…
えーっ クラシックって 退屈じゃない
そんなこと ないわよ
今度一緒に コンサートに 行こうよ
え… う… うン
ピィ——
ピィ
……
わ…
私が… リストラ!?

山本《やまもと》部長
私には小学生の娘と…
家のローンとそれに両親が……
立花《たちばな》くん
これまで私の下で長年頑張ってきてくれたことは感謝しているが
企業が時代の変化に対応していこうとすれば組織の大きな改編を行わざるを得ないのだ
ピイイイ
…………

ああーーッ
きゃ〜〜〜〜ッ

共感
ここ
オジサンのお店…
フンイキあるね
うわ――っ
美味しそう
オジさん……
じゃアない
マスター
このカクテルの名前は？
〝共感カクテル〟です

共感カクテル美味しい
しかしマスターにはビックリしたなア……
あの俊敏な動き若い頃に何か運動してました？
バイオリンを少々…
そっかバイオリンも運動神経関係してるんだ
してないしてない
よけいなことを…
このオヤジ……
なんで自殺なんか……
ひょっとしてうつ病……？

現代人は孤独だと言われます
隣人がどんな人物で何をしているのかも知らないし関心もない
だがその一方で孤独を癒したいという願望を抱いている
誰かとつながりを持ちたいと願っている

だとすると〝共感〟はそうした現代人にとって最も効果的な治療薬なのです
便利と豊かさばかりを追い求めて〝共感〟を避けていてはいけません

便利になって豊かになることが……
どうしていけないの⁉
便利さと豊かさばかりを追い求めつづけると
目先の経済成長を優先することになります…
そうなると………
誰か一人が富を得るためには他の人を犠牲にしても構わない
世界経済を活性化させるためには地元の伝統的産業が荒廃しても構わない
人間が便利を得るためには自然を犠牲にしても構わない……
ということになっていきます

自然を……
地域社会を……

そして
隣人を省みていては……

豊かに生きて行くことができない!!

身近な人たちに
〝共感〟していては
いけない!!

そういうものを切り捨ててこそ
『豊かに生きることができる』——という…

暗黙のメッセージが
現代社会の
奥深く……

静かに……
かすかに……

強烈に流れている
ように
思えます…

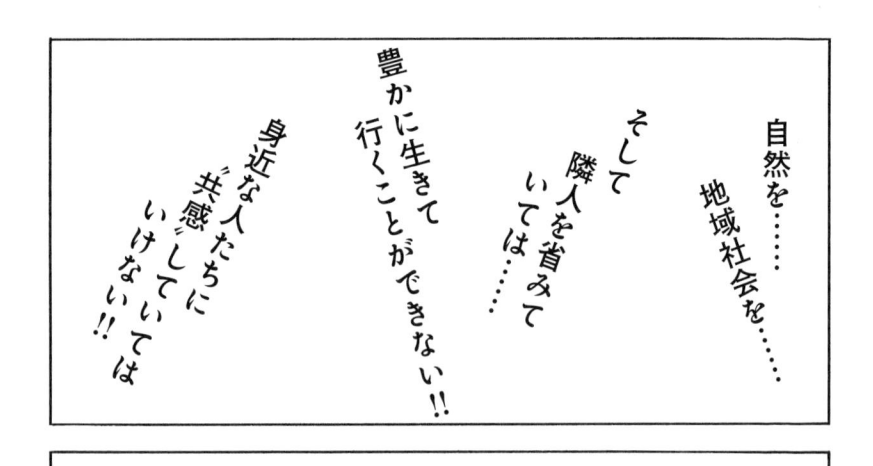

そうだ…首切る者に
〝共感〟なんていらねぇ……
私の下で…長年頑張ってきてくれたことに
感謝しているだとォ……
企業が時代の変化に対応していくためにだとォ……
冷徹な顔で……平然と…
ぬけぬけとよく言えたものだ……
おじさんリストラにあったのね…
それで自殺を……
かわいそうに…
妻と娘にも逃げられて……
かわいそうなおじさんだ……

どこへ…?
ションベン
……
バカヤロー
……!?
……!?
オレは…あんな言葉《セリフ》を聴きたくて…
今日まで…
働いてきたんじゃねぇ……

なごり雪か…
あの人は……
リストラをされてショックを受けているように見えますがそれだけではありませんね
じゃァマスター
奥さんや娘さんに逃げられたこと…？
それもあるでしょうね
だったら他にも…？
「リストラされたから」ということ以上に「そのときの言われ方」の方にショックを受けて
生きがいを喪失し……志気を喪失しているのです

彼だけではありません
最近職場で
うつ病が多いのも
ビジネスの
世界に
おいて
〝共感〟が伴わない
コミュニケーションが
横行していることが
大きな要因だと思います
じゃァ
マスター
悪いのは
山本とか
いう
あの人の上司
ジョオオオ
「わが社を取り巻く状況は
今とっても不条理で
厳しいものがある」
というような
耳を塞ぎたくなる
ような内容の
情報であっても
本当に信頼できる
相手からしっかり
伝えられれば
何とか落ち着いて
行動できるものです
情報の内容
よりも…
情報を発する
相手です

相手が
こっちの不安や
心細さをしっかり
見てくれており
〝共感〟してくれていると
いうことがわかるなら
人間は相当な困難に
立ち向かえるし
苦境を乗り越えられる
ものです……
〝共感〟は人間を強くし
自分自身への〝共感〟は
自信となります

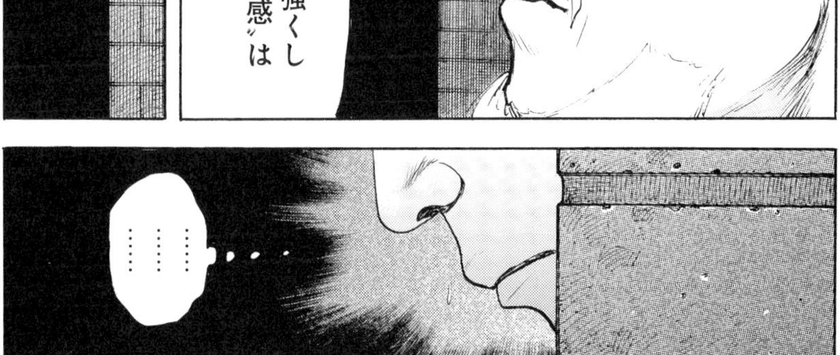
………

ところで
キミたちの
方はどう
なんですか
就活
うまく
いった
ようですが
はい！
…と
思うん
ですが…
マスターの
話を聴いて
面接官の
人たちに
〝共感〟を持って
もらえたかどうか
不安に……

杉原先生からのアドヴァイス ❶ 共感はコミュニケーションの要《かなめ》

このお話に登場している就職活動中の学生さんたちが言っているように、多くの企業が採用の際にコミュニケーション能力を重視しています。

共感はまさにコミュニケーションの基礎にあるものですから、ビジネスの世界においても、実はとても重要なものです。

にもかかわらず、実際には、立花さんが共感を伴わないコミュニケーションによって深く傷ついたように、共感は効率を求める慌ただしい職場の日常の中では、しばしば切り捨てられています。現代社会を動かしている経済や効率優先《こうりつゆうせん》の価値観は、共感を重視する価値観とはなかなか調和しないのです。

本書では、人を動かす共感の力について、さまざまな角度からお伝えしていきます。共感の持つ価値が再認識され、現在の行きすぎたバランスがほどよく回復されることを願っています。

クラシック音楽楽しそうですね
はい
でも…
でも…？
一緒に行く相手が行けなくなってチケットが一枚余っちゃって
……
私に…そのォチケットゆずってくれない…？
え…!?
一緒に行ってくれるのうれしい♡
楽しみ♡

杉原先生からのアドヴァイス❷　まずは、じっくり「感じる」こと

お話の中の二人の若い女性の会話をふり返ってみましょう。

「私、最近、クラシック音楽にはまっててね」

「えー、クラシックって退屈じゃない？」

相手の発言を聴いたとき、心の中には色んな思いや感情がわいてくるものです。この例では、聴き手は、クラシック音楽という上品なイメージの趣味に目覚めたという話し手に劣等感を抱いたのかもしれません。そういう気持ちに反射的に動かされ、クラシック音楽の価値を引き下げて安心したくなったのでしょう。

そういう気持ちがわくこと自体は、とても自然なことで、避けようもないことです。でも共感という視点からすると、そのように反射的に発言して終わらせずに、自分が感じていることに注意を向けてじっくり感じることが大切です。

それをじっくりと感じてみれば、そこから、その感じにただ動かされてしまうのではなく、相手の話をもう少しよく聴いてみようという心の余裕が生まれてくるでしょう。

立花さん
一人で家に帰れる？
大丈夫おやすみ
マスターの〝共感カクテル〟飲んだら
死ぬのが馬鹿馬鹿しくなった……
おやすみなさーい
立花!?
え…!?

山本部長!?
部下にリストラを
言い渡す
それは私にとって
断腸の思い
だった
私は……
あくまでも
冷徹に
そう
したのは
私を憎む
ことで…
私を怨む
ことで…
立花に
奮起して
もらいたかった
からだ
だがそれは
間違っていた
立花をよけいに
苦しめる結果に
なってしまった
ハー
……

私こそ部長の心を感じようとせずに…
〝考えるな感じろ〟です……
灯りが…
出がけに消し忘れたか……
カチャ
え…!?

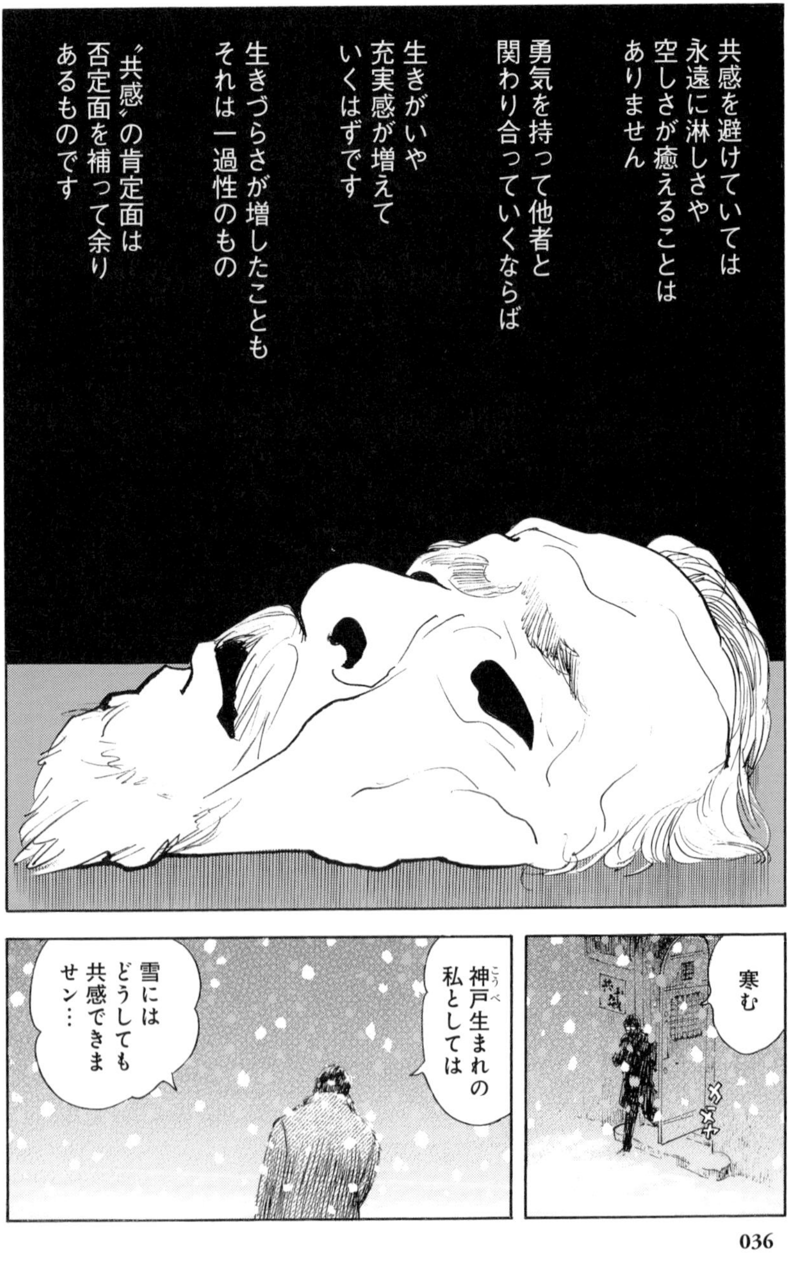
共感を避けていては
永遠に淋しさや
空しさが癒えることは
ありません
勇気を持って他者と
関わり合っていくならば
生きがいや
充実感が増えて
いくはずです
生きづらさが増したことも
それは一過性のもの
〝共感〟の肯定面は
否定面を補って余り
あるものです
寒む
神戸《こうべ》生まれの私としては
雪にはどうしても共感できませン…

第2話

ネガティブな感情に取り組む

感情との付き合い方を工夫する

創元商事株式会社
受付
守衛さん荷物届きました

いつも
いつも
ご苦労さま
です！
ヒュ
オ
オ
ォ
……
……

あ!
小島《こじま》さんッ
たたた
やめなさい
早まってはいけません
27歳というその若さで…
青森のご両親を悲しませることをしてはいけません
裏《ウラ》ウケさん…
飛び降りようとしたんではなかったのですか…
ボク……
そんなに思いつめた顔をしていました…?

この世の苦悩を全部しょいこんだ……って顔をしていました
いったい何があったンですか…？
すみません…
実は…
明日からボク…
営業に行くことになったンです…
営業へ
それはおめでとう！この会社の営業は出世コースですからね
ボクは……人前に出るのが不安なのです
それが……仕事となるとよけいに……
ボクはダメです欠陥人間です
初対面の人とうまく話が…できないんです
そんなボクに営業なんか…勤まるわけが

それは困りましたね…
こんなに…
つらい思いをするのなら会社をやめようかとも……
今…小島さんは水に溺れてもがいてあっぷあっぷしている状態ですね……
裏ウケさん
わけわかんない…
省一《しょういち》やっぱりここに居たか
聴いたぞッ営業部にくるんやてな
おめでとう

同期の省一が営業部に来てくれるとはオレも心強い
一緒に頑張ろう
ボクは自信がない…
怖い…
何言うとんのや
省一のはずかしがりやで人見知りは知っとるけど
仕事を始める前から不安になるのは間違ごうとる
オレが横にいてるから困った時は助けてやる
心配すんな怖がるな自信を持たんかい

小島くんの思いを受けての
佐伯《さえき》くんの優しさと励まし
でしょうが………
これでは
……
溺れている彼の頭を
おさえつけて さらに水中に
沈めるようなものです
……
……
裏ウケさん
わけわから
ヘン……

ETHNIC
御馳走《ごちそう》さま
………
もう食べないの
マズイのかい？
ううん美味しい
でも…
もうお腹いっぱい
半分も食べてない
この店高けえんだぞ
咲《サキ》の誕生日祝にオレは無理して…

ごめんなさい…
食べマス
無理しなくていいよ
ああ〜〜〜っ
こんなことなら他の女とくりゃよかった
ごめんなさい…
オレ帰るわ
仕事残っているんで
咲はゆっくり食べてな
え…
まって私も……
…………

は〜〜〜っ
お姉さん
お水もらえるかな
おや！
これは田端咲《たばたさき》さんじゃありませんか
裏ウケさん
彼女は自尊心が低く自分のことが嫌いだし自信がない
自分を好きになってくれる男性なんてまず現われないだろうと信じていたので
彼のわがままな性格を知りつつも付き合うことにしたのだそうです

私は…エスニック料理は嫌いだって言ってるのに…
彼は聴いてくれなくて…
勝手に入って行っちゃったんです…
咲さんはその時どんなふうに感じたのですか？
彼は…
そういうことを…
する人なんだなぁ…って感じました
ウン…
私の質問への彼女の答えは彼の言動について述べる範囲を出ていなかった
注意の対象はあくまで「彼の言動」に向かっていて「自分の内面」には向かっていないのです
それからいかに彼が横暴でわがままかという話が具体的かつ詳細に延々と続いたのでした……

このような話をただ受け身的にずーっと聴いていてもあまり話し手の役には立たないことが多いと思います
どこにも話す場がなくて一人で抱えているという状況よりは
少しはストレスが下がるかもしれませんが建設的ではありません
今夜は色々と私の話を聴いていただいて
本当にありがとうございました
なんだか気持ちが少し軽くなったような気がします
もちろんこのような話し手はとても話したい気持ちが強いので
こうした話を聴いてあげることは重要です

でも…
聴き手が次第に〝共感〟できないようになってきたり
受け身的な態度で「聴き流し」的になってきているのなら
その時間はあまり話し手の役に立ちません
それからしばらくして……
再び咲さんとその話をする機会がやってきました
お弁当裏ウケさんの分作ってきましたどうぞ
それはありがとう
それでこの前の話のつづきなんだが…
彼がそうする人なんだなぁ……って感じた時
咲さんの気持ちはどうでしたか？

私の気持ち
……
……
よく……
分かりません……
私の気持ち……
よく分かりません……
あ……
よく分からないんですね

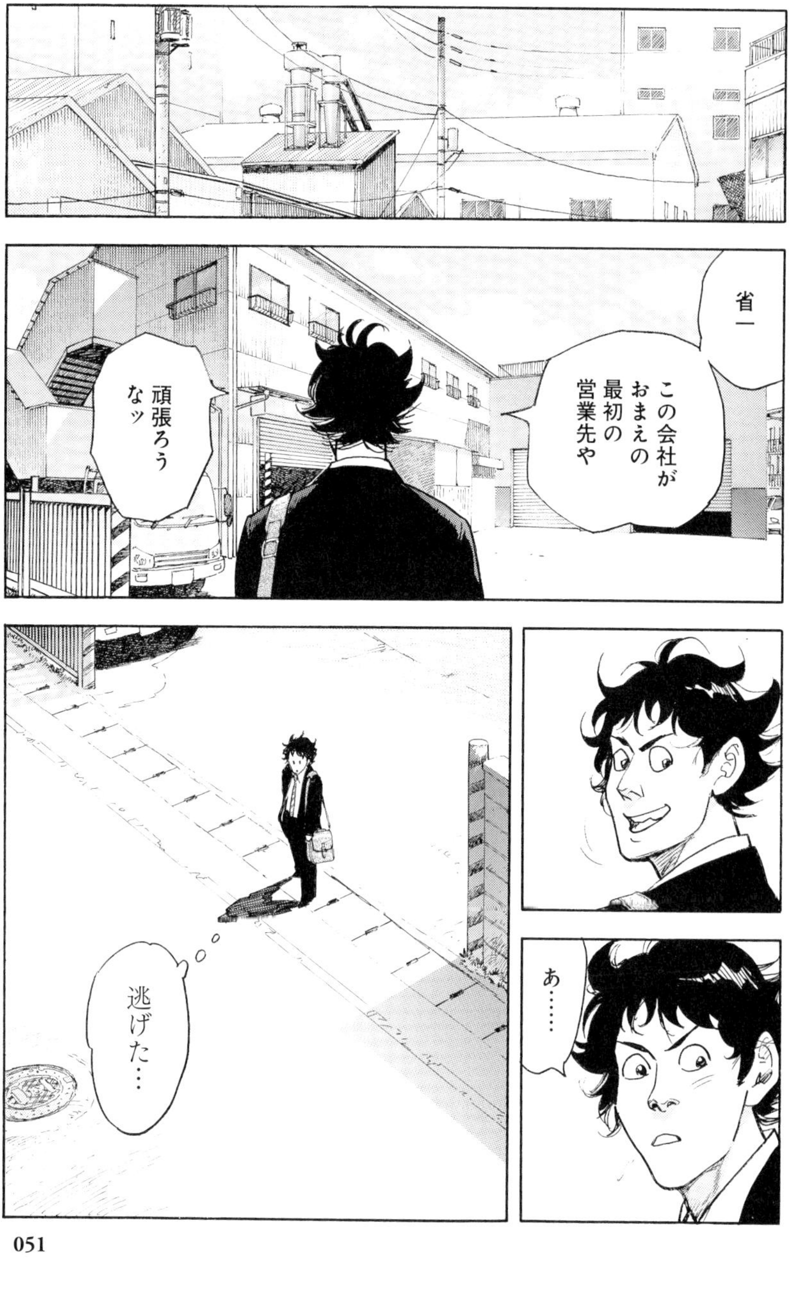
省一
この会社がおまえの最初の営業先や
頑張ろうなッ
あ……
逃げた…

よく分からない…
はい…
もしかすると……
悲しい……
あるいは腹が立つ
……!?
う〜ん
……
……
いろいろあるかもしれません……
いろいろな気持ちや思いが複雑に混じっていることもよくあります……
あまり見たくないような不快な気持ちや思いもあるかもしれません
………
………

ゆっくり…少しずつ…解きほぐすように…
見つめていきましょう
あなた自身が自分の気持ちや思いをよく実感し自覚し
理解していくことが大事です
そこからこの状況をどうしていったらいいか……
どうしていきたいか
何が必要か
…といったことが
はっきりしてくるでしょう
……
……

私は……
あんまり自分の気持ちを見ないようにしてきたかもしれません
どうせ自分の気持ちなんて…
誰もかまってくれないし…
自分のことも嫌いだし……
自信もないし……

……
そうなんですね…
咲ちゃん
でも…
今そうやって自分のことを話してくれている
これまでそういう話をあなたはすることがなかったですね…
今日は咲ちゃんからとってもいいお話が聴けた…
記念日です

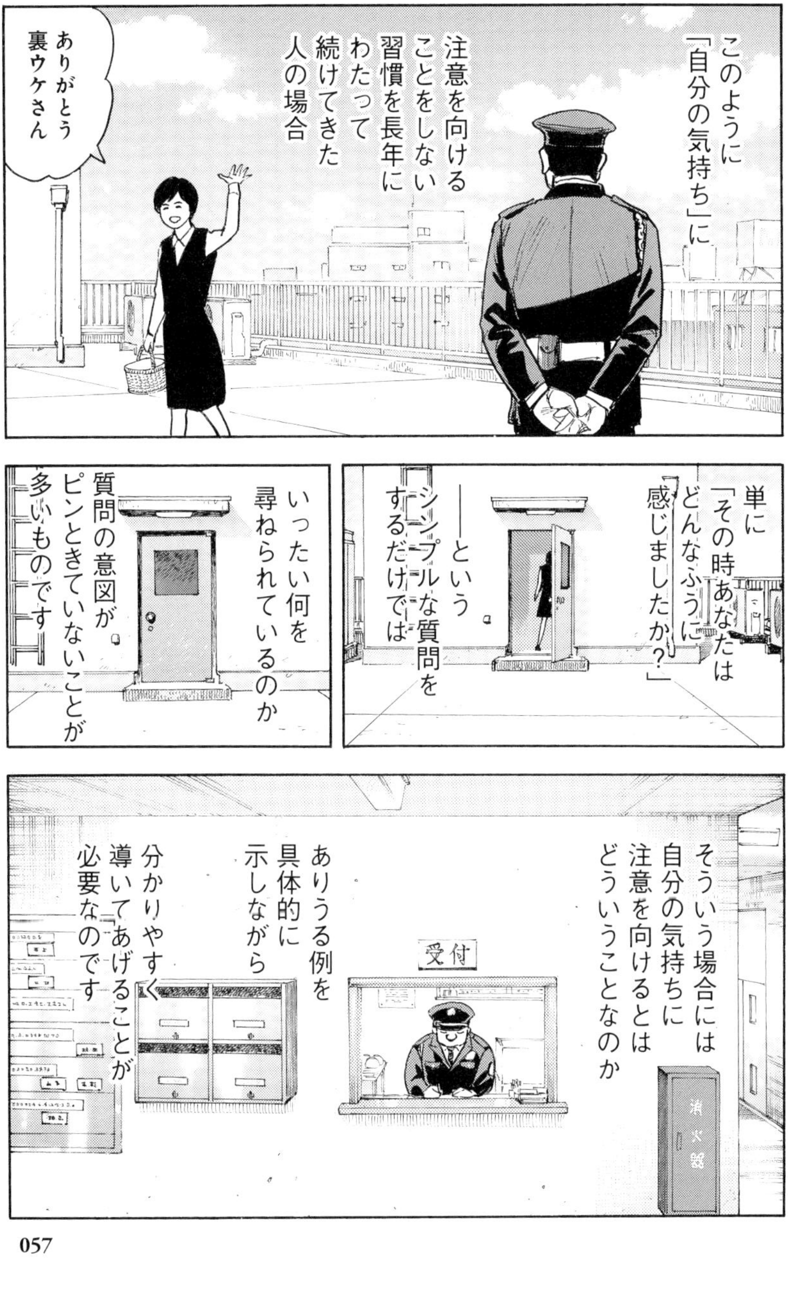
このように「自分の気持ち」に
注意を向けることをしない習慣を長年にわたって続けてきた人の場合
ありがとう裏ウケさん
単に「その時あなたはどんなふうに感じましたか？」
——というシンプルな質問をするだけでは
いったい何を尋ねられているのか
質問の意図がピンときていないことが多いものです
そういう場合には自分の気持ちに注意を向けるとはどういうことなのか
ありうる例を具体的に示しながら
分かりやすく導いてあげることが必要なのです
受付

ダダダーッ
佐伯くん小島くんどうかしましたか？
営業を逃げ出しましたか
それはまた…
ガキじゃあるまいし
信じられませんよ

不安で……
怖くて…
アホか！
まァ まァ 佐伯くん 冷静に
小島くん
不安だ ……
怖い… 恥ずかしい
淋しい 腹が立つ …など
人にとっては どれも不快な 感情ですが……
ズズズ…
単に取り除かれれば いいもの…
存在しなければ よいものでは ありません
それらには 生きていく上で 存在する理由が あるのです
むしろ そういう感情が あることが 豊かな 人生だと言えます

不安なこと
怖いこと
恥ずかしいこと
淋しいこと
腹が立つこと
など…
存分に
味わい
だから
どう生きる
のか……
試行錯誤しながら
自分で答えを見つける
それが豊かな人生だと
言えるのです
しかし
私たちは
しばしば
そうした感情の
体験自体を
恐れ…
避けようと
してしまい
ます
あまりにも
激しい…
不快な感情に
いきなり
さらされると
反射的に不安や恐怖が
勝ってしまい
それを体験するどころ
ではない状態になり…

じたばたしてしまうのです
そうした感情が激しく強く喚起されるような状況に
いきなり…
ドドーン
――と突き落とされることもあります
それはまるで水に対する何らの心構えも対処法も身につけていないうちに…
水の中にいきなり突き落とされるようなものです
溺れている人が水をじっくり楽しめない状態にあるのと同じです
感情に溺れている人間は…感情をじっくり味わえない状態にあります

不快な感情に襲われて
そこから逃げようとじたばたもがき…
あっぷあっぷしているのです…
そのときには優しさからくる…
励ましや勇気づける言葉は意味をもちません
あのとき…
小島くんの思いを受けての佐伯くんの優しさと励ましでしょうが……これでは……
溺れている彼の頭をおさえつけてさらに水中に沈めるようなものです
裏ウケさんが言ったことは…
そういう意味だったのか…
オレは溺れる省一の頭をおさえつけて
さらに沈めようとしていたのか……
あっぷあっぷ…

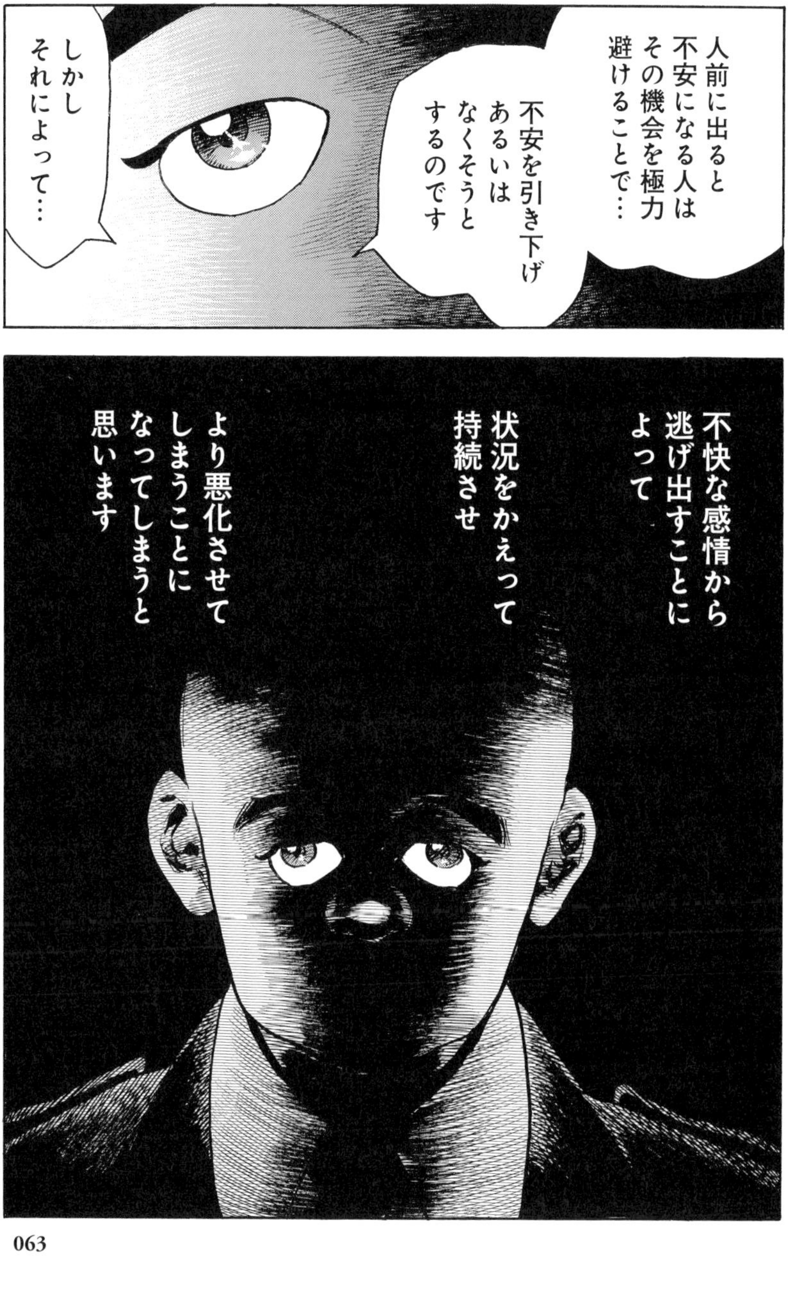
人前に出ると
不安になる人は
その機会を極力
避けることで…
不安を引き下げ
あるいは
なくそうと
するのです
しかし
それによって…
不快な感情から
逃げ出すことに
よって
状況をかえって
持続させ
より悪化させて
しまうことに
なってしまうと
思います

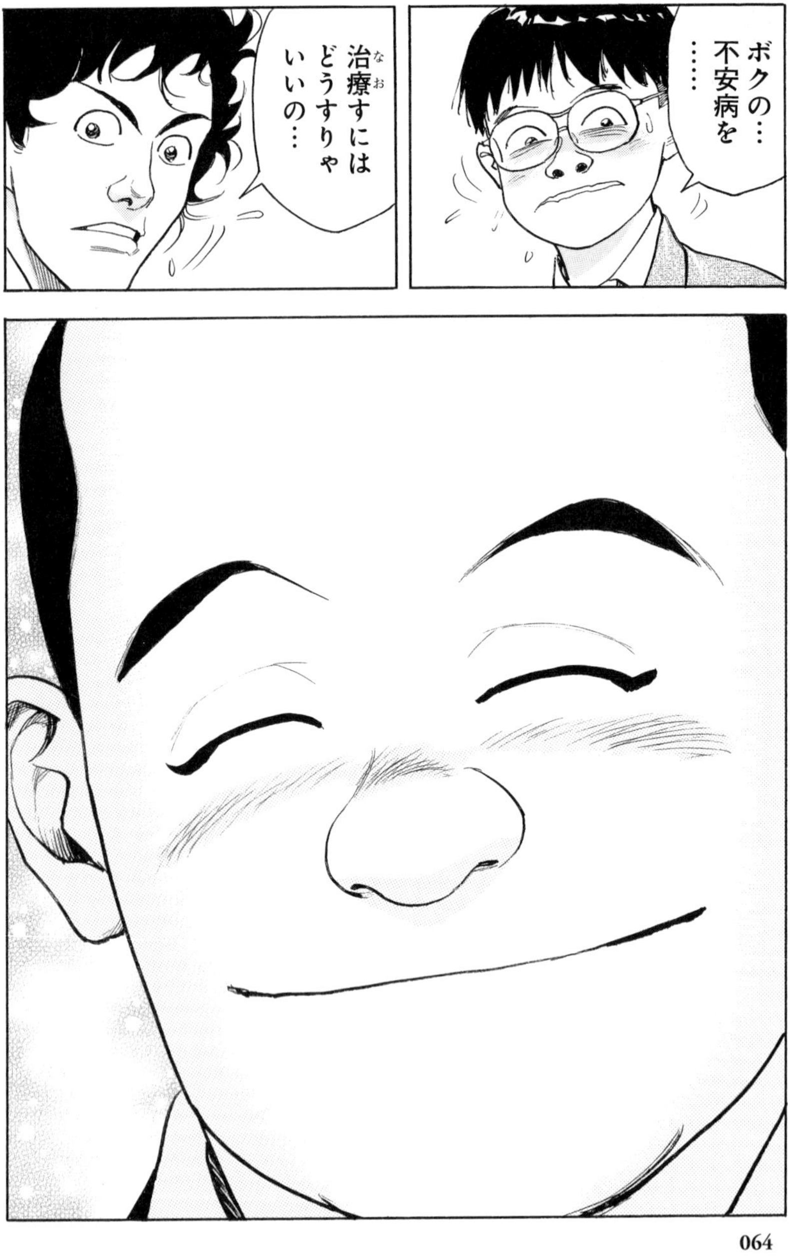
ボクの…不安病を……
治療《なお》すにはどうすりゃいいの…

人が生きていく上で
不安や恐れも
程度の違いこそ
あれ…
誰だって
体験すること
それは
生きていくこと
そのものだと
いえるでしょう

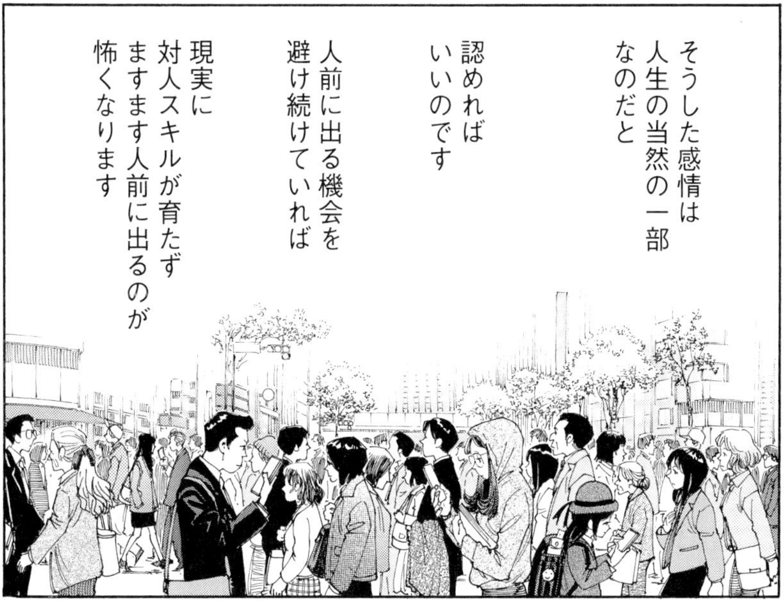
そうした感情は
人生の当然の一部
なのだと
認めれば
いいのです
人前に出る機会を
避け続けていれば
現実に
対人スキルが育たず
ますます人前に出るのが
怖くなります

最初はイメージする
ことからでいいのです
現実に取り組むことで
人前に出る練習を
少しずつでも
始めることで……
不安は低下していきます
書店

ルルル
ルルル
受付
はい！もしもし…
受付
京都大文字山《きょうとだいもんじやま》カウンセリング・ルーム長の
杉原保史《すぎはらやすし》先生をお願いしたいンですが
ポリ
ポリ
こちらは創元商事《そうげんしょうじ》の裏受付ですが…

杉原先生からのアドヴァイス❸ 相手の思いを受け止めて聴く

共感は決して難しいことではありません。ただ「相手は何を伝えたいのかな」「いまどんな気持ちなのかな」と相手の心の内を想像しながら、注意深く話を聴くだけのことです。

たとえば、このお話の中で省一が「僕、営業をちゃんとやれる自信がない」と言ったとき、佐伯は即座に「何言うとんのや！　俺が横にいて助けてやるから心配すんな」と言っています。

これでは、省一は、せっかく悩み事を話し始めたのに、すぐに説得されて、まったく聴いてもらえなかった、と感じてしまうことでしょう。

共感的コミュニケーションをすると決めたのなら、相手中心に考えましょう。相手の思いを受け取るように聴く、相手の感じていること、相手の気持ちを感じ取ろうとしながら聴くのです。

「心配する必要はない」と言いたくなる気持ちを感じても、その気持ちをそのままにしておいて、相手の気持ちを受け取ることに注意を戻します。「僕、営業をちゃんとやれる自信がない」と言っている相手の気持ちをただ感じ取ることに純粋に注意を向けてみるのです。それが自覚的に共感する作業です。共感を味わい、深めていく作業です。共感はそこに注意を向けられ、味わわれることで、深められます。

この場合であれば、省一は営業をやる自信がないと思っているのですから、不安や心細さが伝わってくるかもしれません。情けなさ、自己嫌悪《じこけんお》があるかもしれません。もしかすると、孤立無援感《こりつむえんかん》や恨みがましい気持ちがあるかもしれません。この人事に納得できない気持ちがあるかもしれません。たとえ注意を向けなくても、こうした感情は自然と聴き手に伝わっており、感じられていると言えるでしょう。しかし実際のところ、それはとても曖昧にしか感じられていないのです。非常に不確かな感覚でもあります。注意を向けられて初めて、しっかりとした共感になるのです。

第3話

何が変化を促《うなが》すのか

受容と共感が変化を促進させる

杉原動物病院
TEL
杉原動物病院
杉原動物病
SUGIHARA ANIMAL HOS
ツルルル〜ン
ツルル〜ン
ハイ！ハイ！杉原《すぎはら》動物病院
えッ……
モンジくんが左後肢《あし》を……
痛そうに…引き摺っている…
わかりましたすぐにうかがいまス

ブロロ…
早田
こいッ

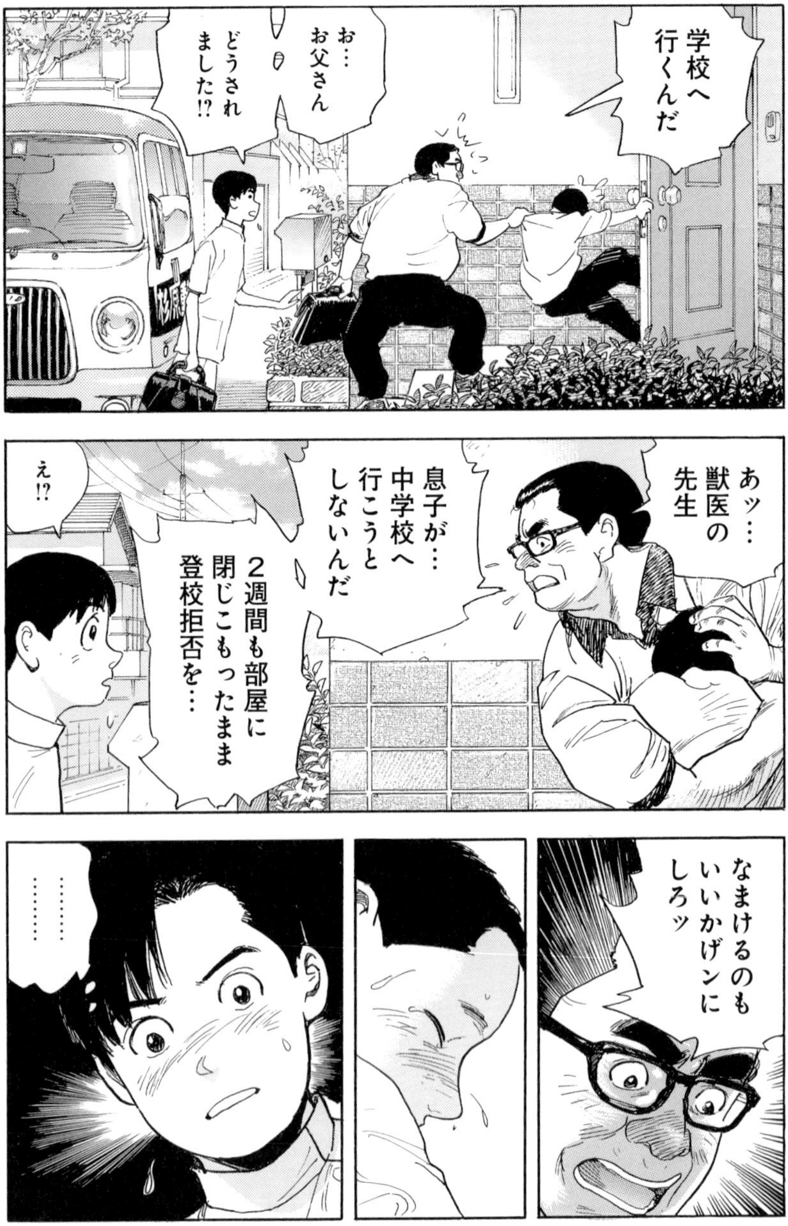

学校へ行くんだ
お…お父さんどうされました!?
あッ…獣医の先生
息子が…中学校へ行こうとしないんだ
2週間も部屋に閉じこもったまま登校拒否を…
え!?
なまけるのもいいかげンにしろッ
………………

ヒョコ
ヒョコ
モンジくん
杉原動物 病院
モンジくんの左後肢が悪いと
電話をくれたのは快《かい》くんですね
今診たのですがモンジくんのどこにも異状はありませんでした

チャッ
チャッ
チャッ
ほらね……
もう普通に歩いていマス
チャッ
チャッ
杉原先生朝早くからご迷惑を
おかけいたしました
どうも
いただきマス
どうして学校へ……
行かないのだ
いじめられているのか
快くん…
だまってちゃわかんないでしょ何があったの!?
うるさいッうるさいッ

いつもこうなんですよ
何も話してくれないんです…
もう……
どうしたらいいのか……
クゥ〜ン
……
……
それからしばらくして…
ルルル〜〜!!
ルルル〜〜!!
杉原動物病院
ああ…快くんかどうした?
…また
モンジくんの左後肢が……

ヒョコ
ヒョコ
ブロロロロロロ
キィ
チャッ
チャッ
チャッ
チャッ
こんにちは
ウーウー
ワン
ワン
私が来たら……
う〜〜ん……
仮病……

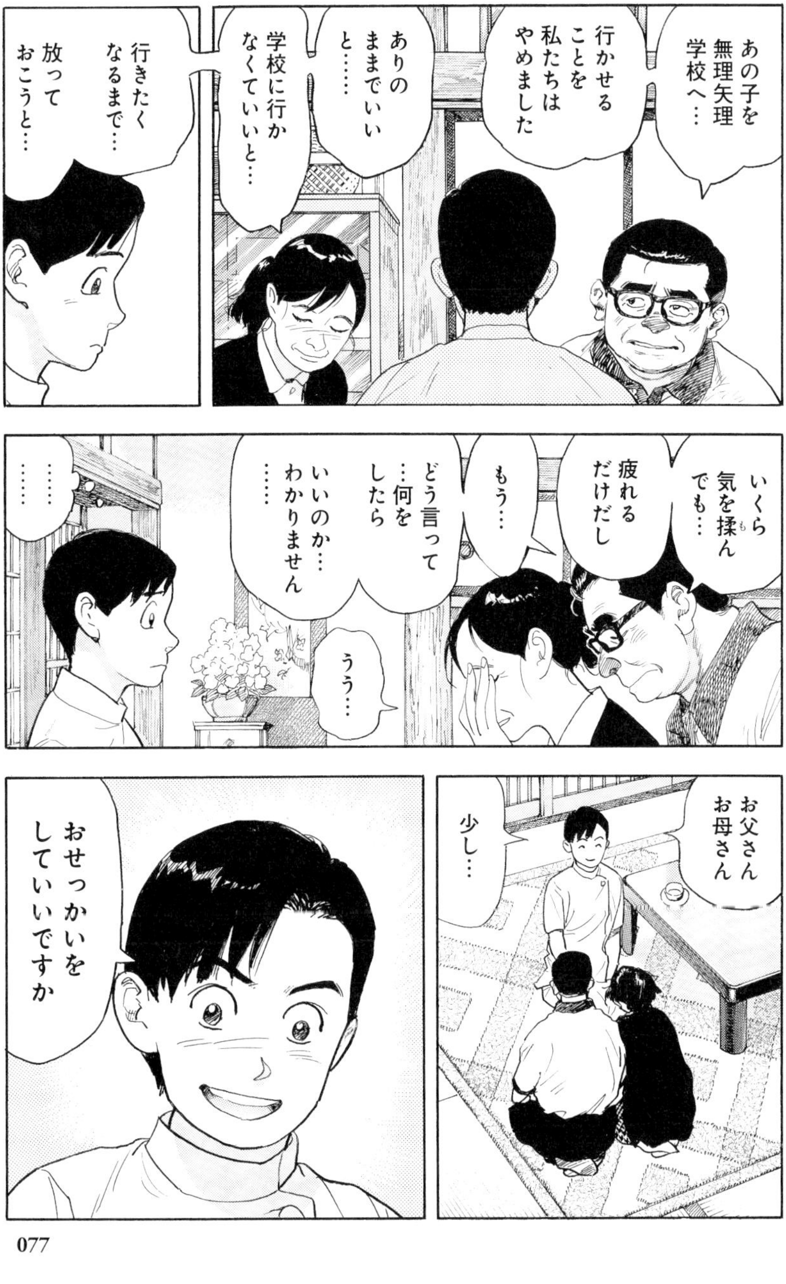
あの子を無理矢理学校へ…
行かせることを私たちはやめました
ありのままでいいと……
学校に行かなくていいと…
行きたくなるまで…
放っておこうと…
いくら気を揉《も》んでも…
疲れるだけだし
もう…
どう言って…何をしたらいいのか…わかりません……
うう…
……
……
お父さんお母さん
少し…
おせっかいをしていいですか

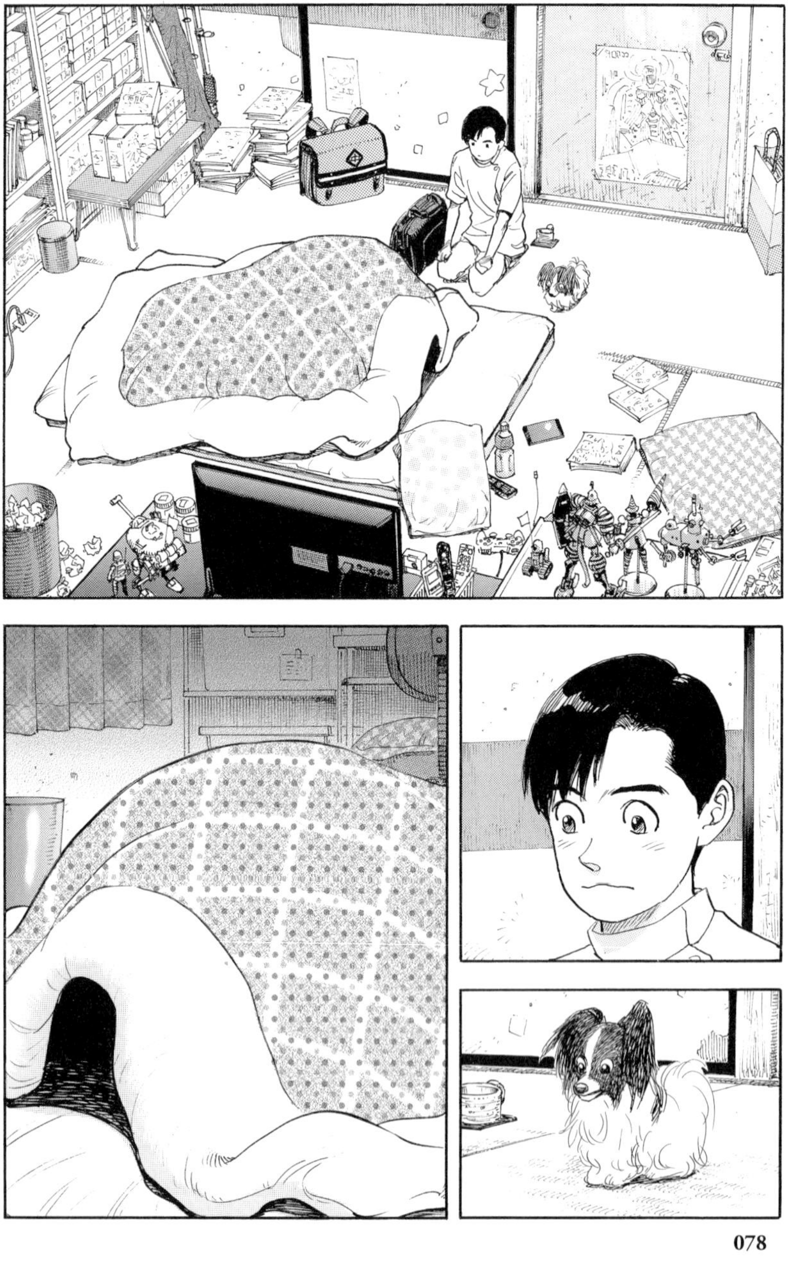

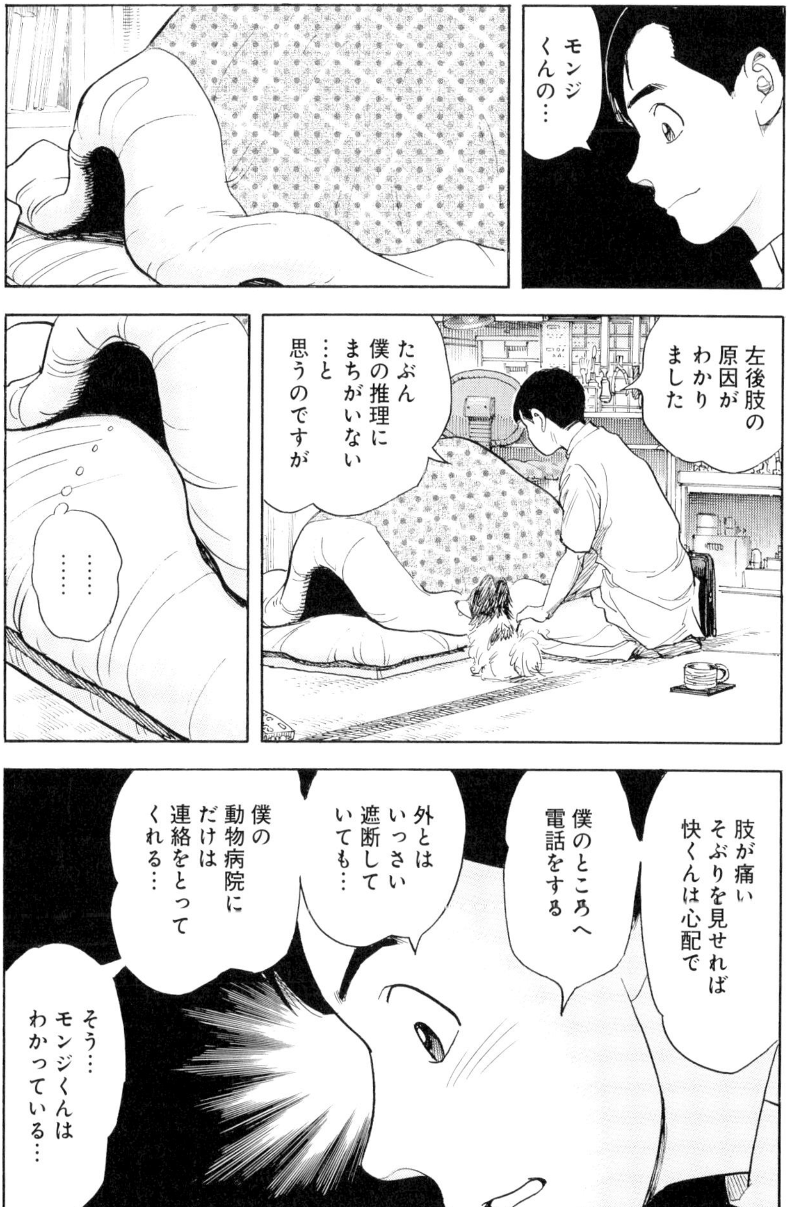
モンジくんの…
左後肢の原因がわかりました
たぶん僕の推理にまちがいない…と思うのですが
…………
肢が痛いそぶりを見せれば快くんは心配で
僕のところへ電話をする
外とはいっさい遮断していても…
僕の動物病院にだけは連絡をとってくれる…
そう…モンジくんはわかっている…

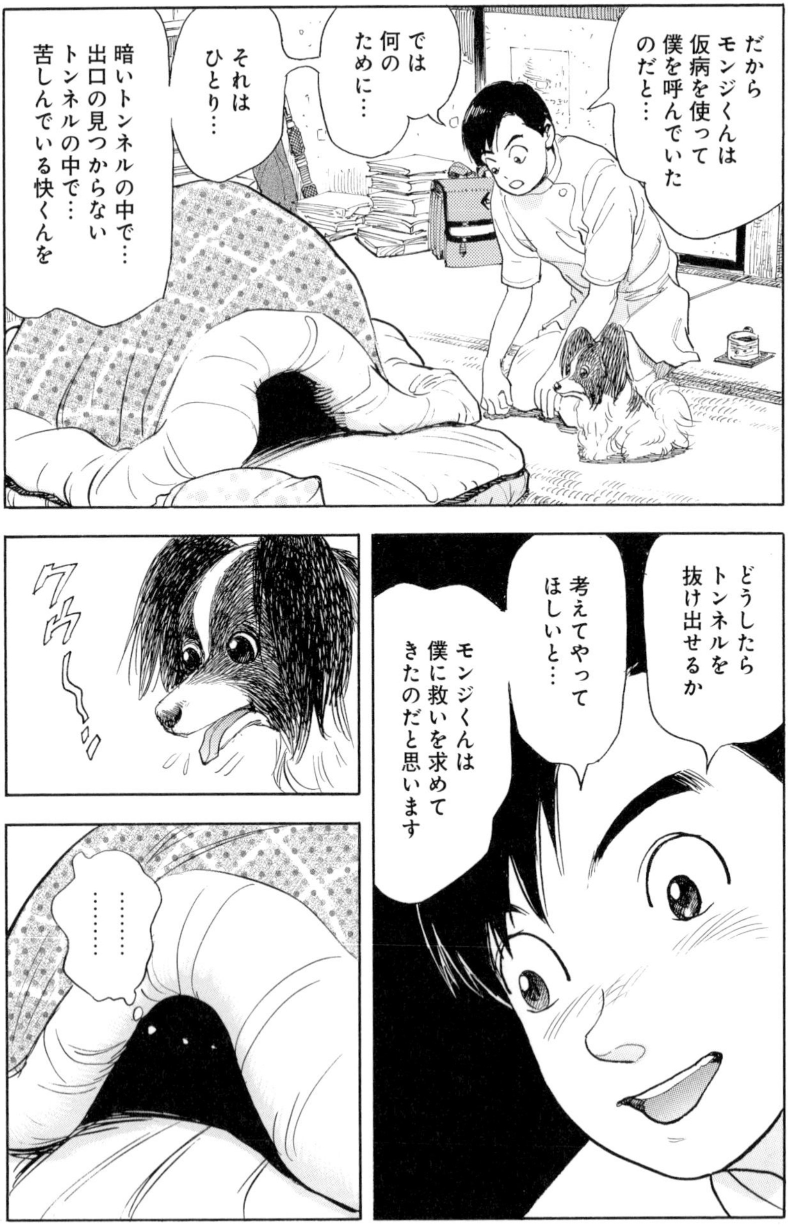
だからモンジくんは仮病を使って僕を呼んでいたのだと…
では何のために…
それはひとり…
暗いトンネルの中で…出口の見つからないトンネルの中で…苦しんでいる快くんを
どうしたらトンネルを抜け出せるか
考えてやってほしいと…
モンジくんは僕に救いを求めてきたのだと思います
クゥ〜〜
………
………

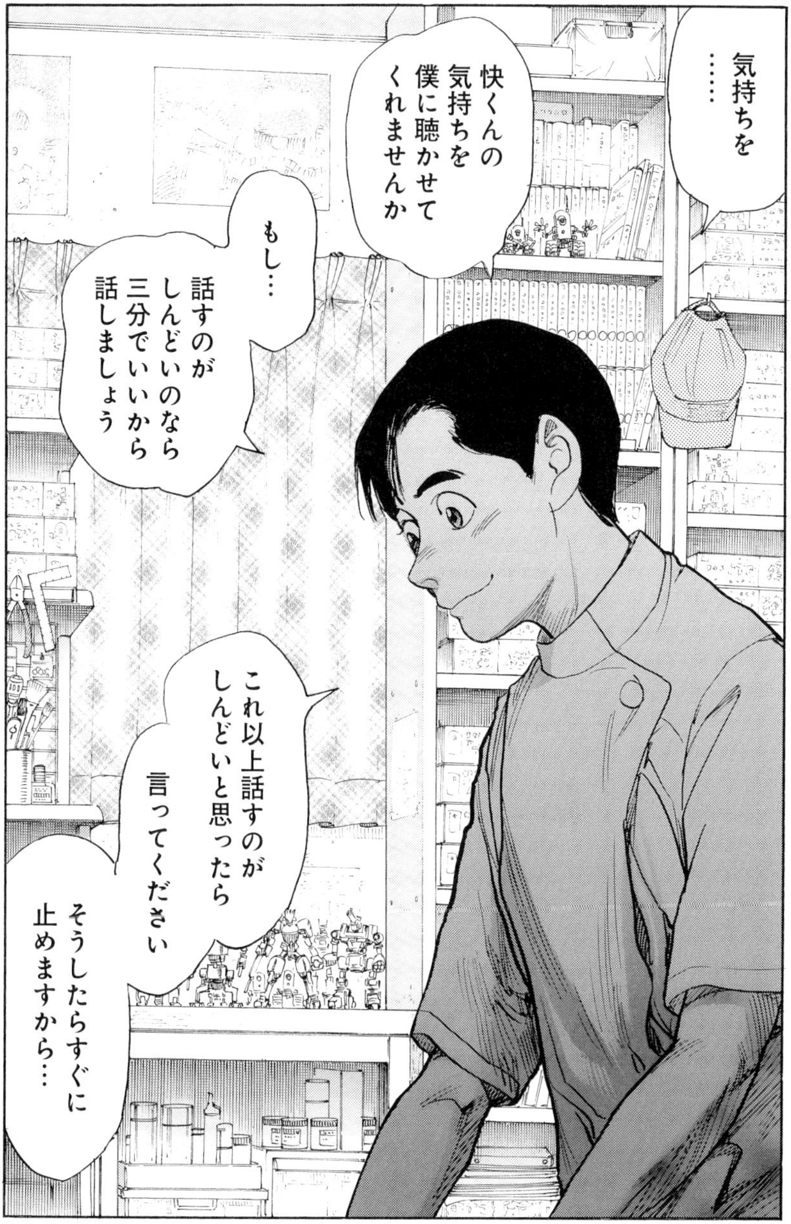
気持ちを……
快くんの気持ちを僕に聴かせてくれませんか
もし…話すのがしんどいのなら三分でいいから話しましょう
これ以上話すのがしんどいと思ったら言ってください
そうしたらすぐに止めますから…

…………
快くんは…学校に行きたい
自分はなまけているんじゃないかと思っている…
快くんはこのままの状態でいたら
自分はこれからどうなってしまうんだろうと…
不安がいっぱいで…苦しんでいる

快くんは……
これではいけない…と思っている…
ウゥ〜…
ウゥ〜…
……
……
そうなんですね…

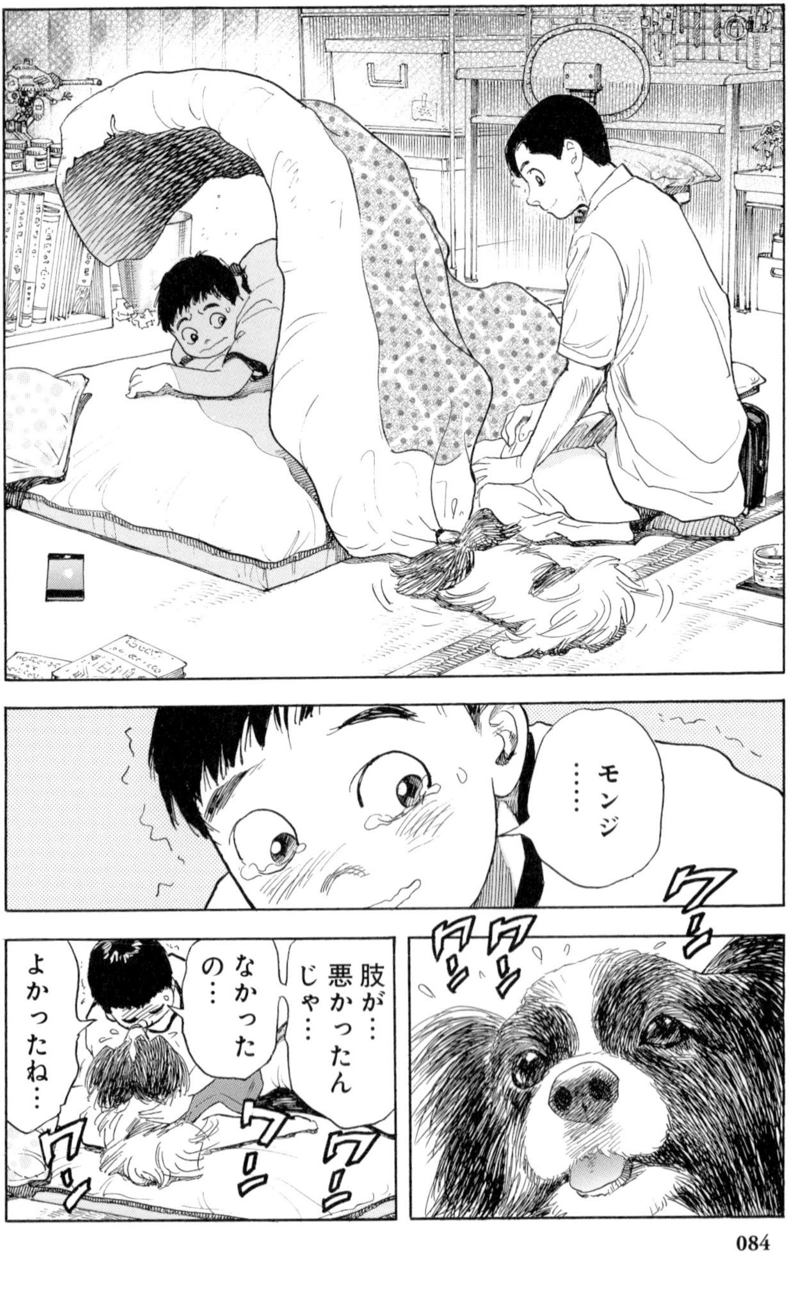
モンジ……
ワン
ワン
ワン
肢が…悪かったんじゃ…なかったの…
よかったね…
ワン
ワン
ワン

快くんが
どうしたら
学校に行ける
ようになるか
引きこもりから
抜け出られるか…
僕と一緒に
考えましょう

うン…
……

ほとんどの心の苦痛は
本人にしか解決できないものです
不安を克服できるのは本人だけです
孤独を克服できるのは本人だけです
恥ずかしさを克服できるのは本人だけです

そうした感情を抱えた上で
どう生きるかの問題なのです

しかし
一人ではできないことを
一緒に考えてくれる人が必要なのです
一緒になって悩んでくれて
孤独な道のりを共に歩んでくれる
人が必要なのです

ルルル～～!
ルルル～～!
杉原動物病院
ハイ！杉原動物病院でス
杉原動物病院
杉原先生!! いつまで休暇をとって実家でのんびりしているんですか
早く仕事に戻ってください
京都大文字山
カウンセリングルーム
実は新しい発見をしたのです
なんです!?
犬《ワン》ちゃんにも「受容」と「共感」と「変化の促進能力」があるということをね

共感して一緒に考える

このように、悩んでいる少年と関わっている大人が、少年が感じている不安や恐れに共感することができるなら、その少年はきっとほっとすることでしょう。関わってくれる人が、単に言葉の上だけで「恐怖感があるのだろう」と頭だけで理解するのではなく、少年の声やそぶりや表情などから怖さを感じ取るようにして理解してくれるなら、その少年はどんなにほっとすることでしょうか。

しかし、関わり手が怖さに共感して、自分も一緒になって「怖いね」と言っているだけでは、相手は決して救われません。共感があって、そのあとに何も生じないのであれば、この少年はきっとがっかりすることでしょう。

少年にとっては、怖さをわかってくれた上で、その怖さをどう乗り越えていくかを一緒に考えてくれる人が必要なのです。共感は、その作業のための下支えになるものではありますが、その作業に代わるものではありません。

共感は、しばしば受容《じゅよう》を伴います。この受容はいまの現状をそれでいいと肯定することだとよく誤解されます。ありのままを受け容れるとか、ありのままを認めるとかいうのは「ありのままでいい」と価値判断することではありません。ただ「現状はこうなのだ」と力まず穏やかに認識するということです。

少年は口では「話したくない」と言うかもしれません。あるいは最も表面に表われている態度では「話したくない」と伝えてくるかもしれません。けれども、周りの人間には、すでに感じられているのではないでしょうか。少年が「つらい」「どうしていいか分からない」「助けてほしい」と感じているだろうことが。

言葉とは裏腹《うらはら》なそうした思いに共感するなら、周りの人も、決して今のままでいいとは思えないはずです。少年のつらさへの共感は、それにふさわしい関わりを力強く呼び起こします。「つらいね」という言葉だけで完結するものではありません。

第4話

共感を表現する力を高める

言葉だけでなく声、表情、視線、間などが大切

カレーライスはカロリーが高い
私のような糖尿病患者には…キケンな食物である
しかしカレーは
私の大好物だ
カレー・WE
舞台稽古の終わったあとには…
必ずカレーライスを食べる
そのために寿命が一年縮まるのならそれでもいいと思っている
CURRY
カレー

しかし…
お店のカレーではダメである
ただいま
カチャ
カチャ
野菜オンリースプーンでさがさなけりゃいけない…ひき肉の入った妻が作ったカレーライス
美味《うま》い…
お父さん
美味《おい》しいですか
………
カチャ
カチャ

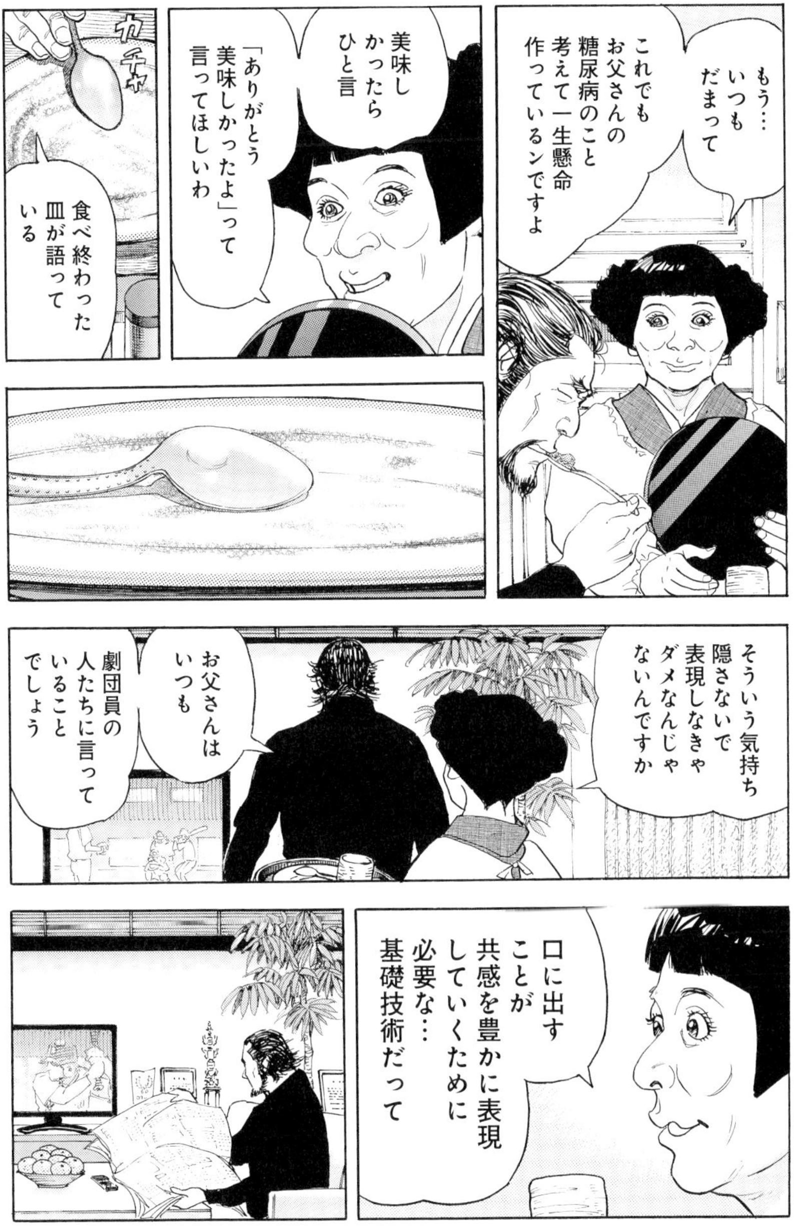
もう…いつもだまって
これでもお父さんの糖尿病のこと考えて一生懸命作っているンですよ
美味しかったらひと言
「ありがとう美味しかったよ」って言ってほしいわ
カチャ
食べ終わった皿が語っている
そういう気持ち隠さないで表現しなきゃダメなんじゃないんですか
お父さんはいつも
劇団員の人たちに言っていることでしょう
口に出すことが共感を豊かに表現していくために必要な…基礎技術だって

創元座劇場
共感
次回公演
共感

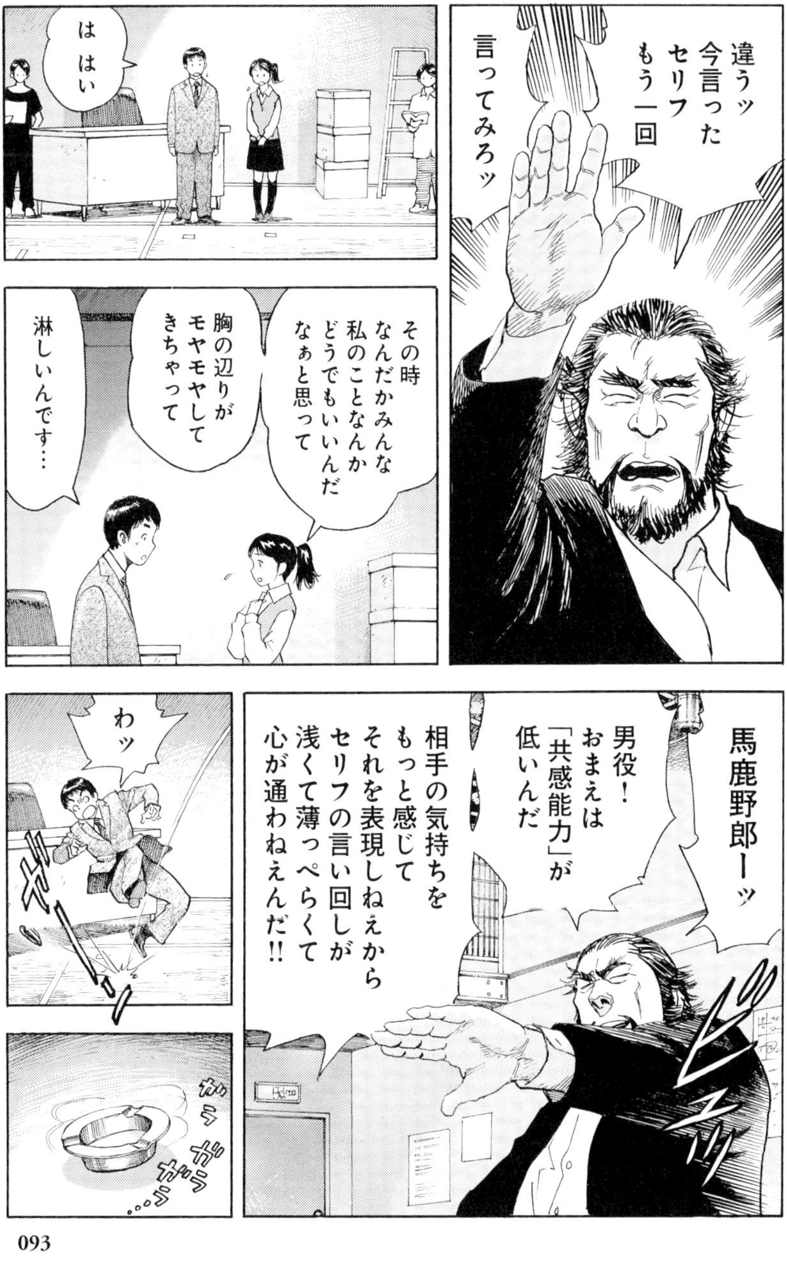
違うッ
今言った
セリフ
もう一回
言ってみろッ
は　はい
その時
なんだかみんな
私のことなんか
どうでもいいんだ
なぁと思って
胸の辺りが
モヤモヤして
きちゃって
淋しいんです…
馬鹿野郎ーッ
男役！
おまえは
「共感能力」が
低いんだ
相手の気持ちを
もっと感じて
それを表現しねぇから
セリフの言い回しが
浅くて薄っぺらくて
心が通わねえんだ!!
わッ
ガラ
ガラ
ガラ…

その時なんだかみんな私のことなんかどうでも…
彼女
ちょっと待った!
相手役に自分の気持ちを表現する時は声以上に大切なのがアイコンタクトだ
表情・姿勢・ジェスチャー呼吸・間など……
その中でも特に重要なものは・・・アイコンタクトと・・・呼吸と…間だ
大事なセリフを言う時には視線を合わせて
厳密に言えば相手の両眼と鼻筋の中程あたりを結んだ三角の領域だ
はは はい
呼吸は心や身体の状態と密接に関係していながら…
意識的にコントロールできるものだ

心をおだやかに
落ち着けたい時には…
吐く息をなるべく……
長が〜〜〜〜く
はああ―――
吸う息は力まず
自然に…
スー
息を整えることで心身の状態を整えることができて
「自然な共感」がすっと出やすくなるんだ
はい!
そして効果的に共感を伝えるには…
間《ま》だ
伝えたいセリフの前にはしっかり間をとれ
共感

間は相手の注意力を引きつけて高める効果がある
だらだらとセリフをしゃべるなッ
はい！始めて
はい！
その時…
なんだかみんな…私のことなんか…
どうでもいいんだなぁ…と思って…
胸の辺りがモヤモヤしてきちゃって……
よしよし
いいぞ
淋しいんですか…
馬鹿野郎
そんなセリフあるかッ

ビクン
そこは役者に考えてほしいからあえて台本には書かなかった
そこは「淋しいんですか?」じゃねえッ「淋しいんですね?」…ねだろうがッ
はい!ボクも…
淋しいんだろうな……とは思ったので
ね…かなと思ったんですけどォ
もし…「淋しいんですね?」と言って違っていたらと思うと怖くて言えませんでした…
共感は相手の感情をピッタリと言い当てるもんじゃねえ!自分が話し手と一緒にいて感じた感覚を話し相手に伝える行為だ
なにかモヤモヤした感じを抱えた相手に……「淋しいんですか?」…と尋ねたらよけいわかんなくなってしまうだろーが
ガタ

共感は自分の内に
隠れている感情を
促進してやらなきゃ
いけない……
「淋しい」と
相手に素直に
言えるように
ガイドしてやらなきゃ
ならねえんだ!!
わかったなッ
はいッ
はいッ
わかり
ました!!

お言葉ですが先生
何!?
先生はいつもどうしてそんなに声が大きいのですか!?
声が大きければ相手の心に届くとは限りませんよね
……
そうだ！キミの言う通り声は大きければ良いというもんじゃない…
声に表わされた感情のニュアンスと話される内容とが調和してないといけない……
共感において声はとっても重要だ

さっきオレが
キミたちに
「わかったなッ」と
共感を促した
時に…
キミたちは
大きな声で
「はいッ
わかりました!!」と
言ったな……
相・・・
大づちは
いいというもの
なあぁい!!
はい
はい
ウン
ウン
ウン
また相づちは
量が多ければ
いいというもの
でもないッ
はい!
相づちを
打つときは
音声のレベルで
調子を合わせるのだ

淋しいんですね
共感の表現は決して言葉だけではありません
言葉が中心的なものではありません

共感の表現の中心は
むしろ言葉には
ないのです
感じたことを
表現していく時
その中心は
声や表情や視線
姿勢など……
言葉以外の（非言語的な）
ものにあります
声はその中でも
目立った要素として
とりわけ
重要な
ものです

そっかー……
25歳までに芽が出なかったら
劇団やめて田舎に帰ると父との約束で……
そのこと角鬼《かくおに》先生に話したの？
まだ…
これから話す…
先生は亜希《あき》のこと買っていたから劇団をやめると言ったら……
きっとガッカリするやろね
NOT MUSICAL
創元座劇場

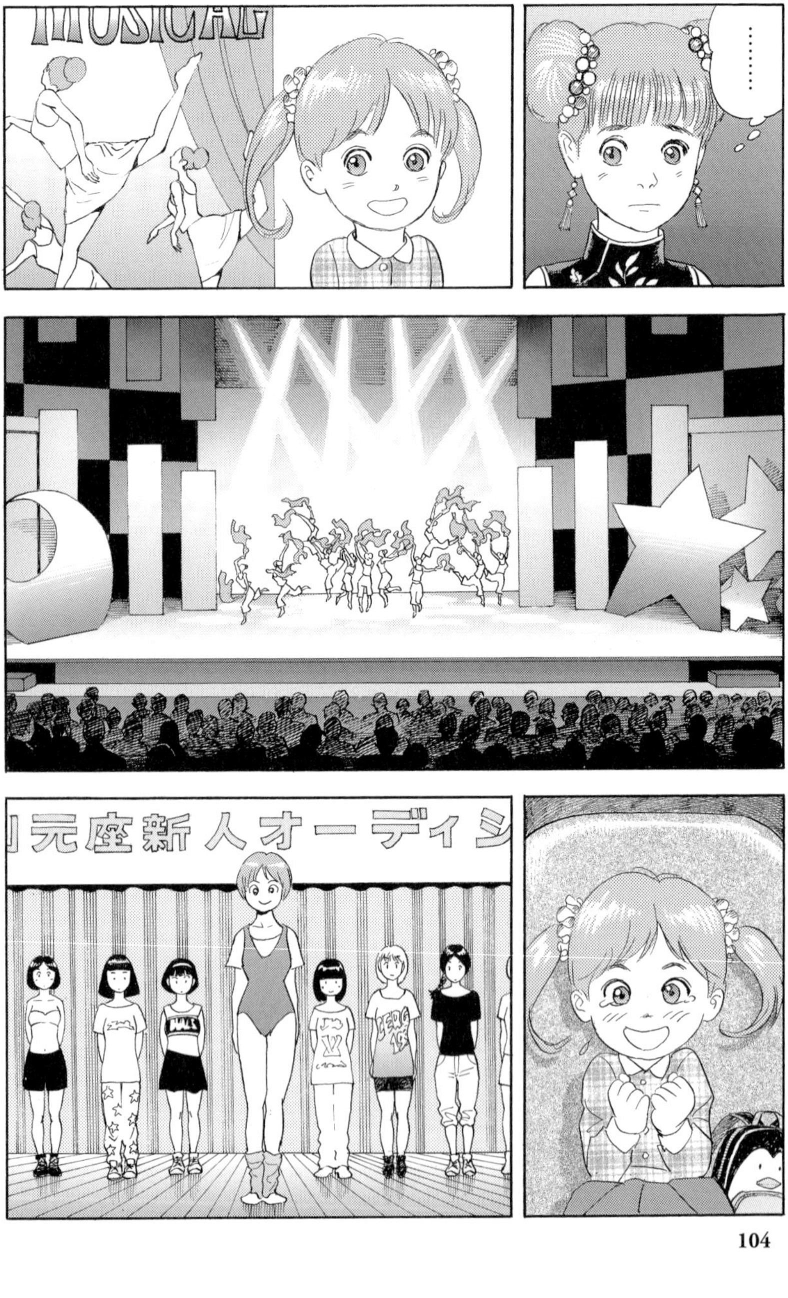
MUSICAL
……
元座新人オーディシ

……………
やめたくない………

父との約束でしたから…
やめます……
……
やめたくないんだな
亜希の本心はこの仕事を続けたい…

劇団をやめたくない
そうだな
…………
先生…
どうしたら親父さんが
納得してこの仕事を続けさせてくれるか……
一緒に考えよう
あ…
ありがとう……

彼女は父親と
話し合った結果
30歳まで
舞台を続けても
いいという許可を
もらった
彼女に対して
角鬼はどんな
「変化の促進」を
したのか…
それは
彼女しか…
知らない……

ねぇ
お母さん
お父さんは
今…
どんな
舞台の
稽古をして
いるの？
CURRY
「共感」という
舞台よ
ふう〜ん
共感ねぇ
……
そういえば…
うちの旦那と
私の間に共感は
あるのかなァ…

愛子《あいこ》ちゃん政春《まさはる》さんとうまくいってないの!?
仕事しごとで帰ってくるのはいつも午前さま
ニワトリが眼をさます前にご出勤
土・日はほぼ接待ゴルフ
私と一緒に居る時間なんてないのよ
愛子ちゃんは言えないの？
え!?
何を？
私はあなたともっと一緒に居たいの
お休みの日ぐらい一緒に居ようよって彼に言えないの？
ポリ…

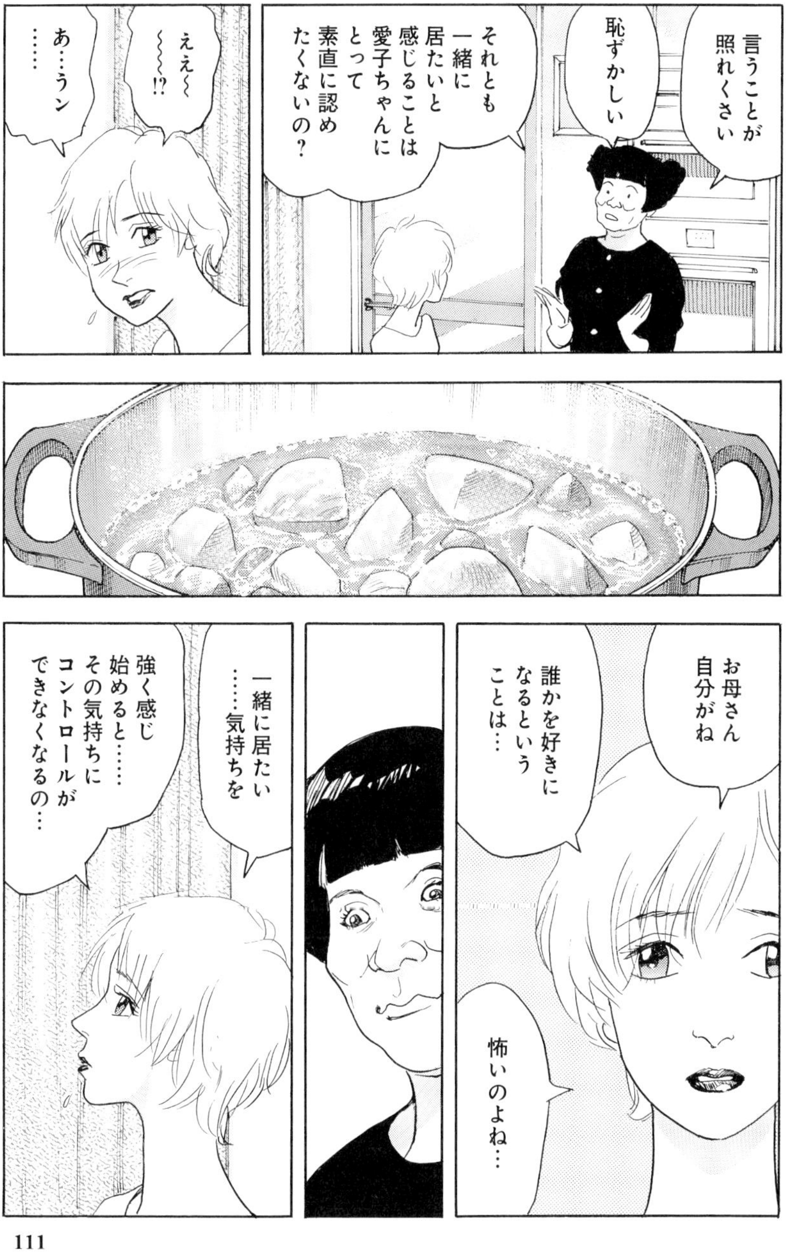
言うことが照れくさい
恥ずかしい
それとも一緒に居たいと感じることは愛子ちゃんにとって素直に認めたくないの？
ええ〜〜〜〜〜!?
あ…ウン……
お母さん自分がね
誰かを好きになるということは…
怖いのよね…
一緒に居たい……気持ちを
強く感じ始めると……その気持ちにコントロールができなくなるの…

あまりにも相手を好きになってしまい……
自分のプライドを失ってしまうようで…
怖い…の……
相手が……
自分のことを…
好きな気持ち以上に……
自分が…相手のことを好きになってしまうと…
自分が…相手の奴隷になってしまうのではないか
……という……怖さ……
………

その怖さを和らげるための行動を相手にとってしまう
あなたは仕事と私のどっちが大事なのよ
……
残念ながら
彼とあなたが一緒に居ようとする時間があなたが期待しているより…
少ないのよね
それが不安であなたは顔を合わせたら彼を責めているのよね
……
…うン

私はあなたと
もっと一緒に居たい
穏やかな気持ちで彼に…
素直に言ってごらんなさい
私が…
言うの……? 彼に…
言うの
………
言わなきゃダメ…?
ダメ!
本当《マジ》に…
マジに! 今ここで練習してごらんなさい

言うの……
立って
さあ！私を旦那さまだと思って
シャキ
え〜っと……
だ…旦那さま…
あ……
お父さんよッ……
きっとお父さんよ
逃げるな
お父さんは鍵を持ってるし…
それにインターホンなんか鳴らしたことは一度も……
ガチャ
おかえりなさーい!!

あなた……
どうして今日はゴルフで遅くなるって
後の食事をキャンセルしてやって来た
家でキミと食事しようと帰ったら
ここに居るというメモを見て……
これまでキミと一緒に居てやる時間がなくて
淋しい思いをさせてしまった……
すまなかった許してくれ

私こそ…あなたを責めてばかりいて…
ごめんなさい…
いいんだボクの責任でもある
お父さんもうじき帰ってくるから
一緒にカレーライス食べて行けばいいのに
ありがとう
お母さんの作ったカレー
政春さんと一緒に
じっくり味わって食べます
おやすみなさい

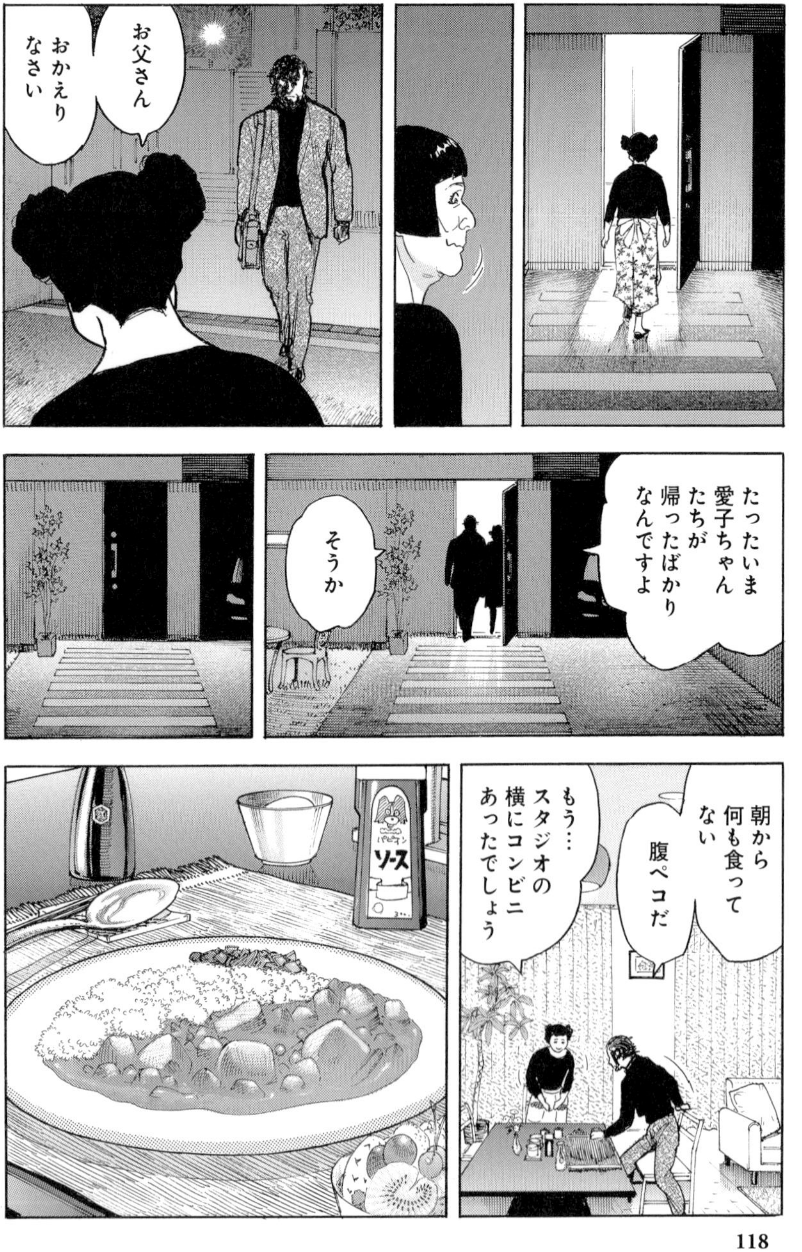
お父さん
おかえりなさい
たったいま愛子ちゃんたちが帰ったばかりなんですよ
そうか
朝から何も食ってない
腹ペコだ
もう…スタジオの横にコンビニあったでしょう
ソース

ソース…
たまにソースで召し上がったらどうです
バカ言え
カレーには生卵と醤油が常識だ
カッ
カッ
カッ
人がカレーを食べている姿がそんなにめずらしいのか

……
……!?
私の作ったカレーライス
美味しいね・
……
……
ね・

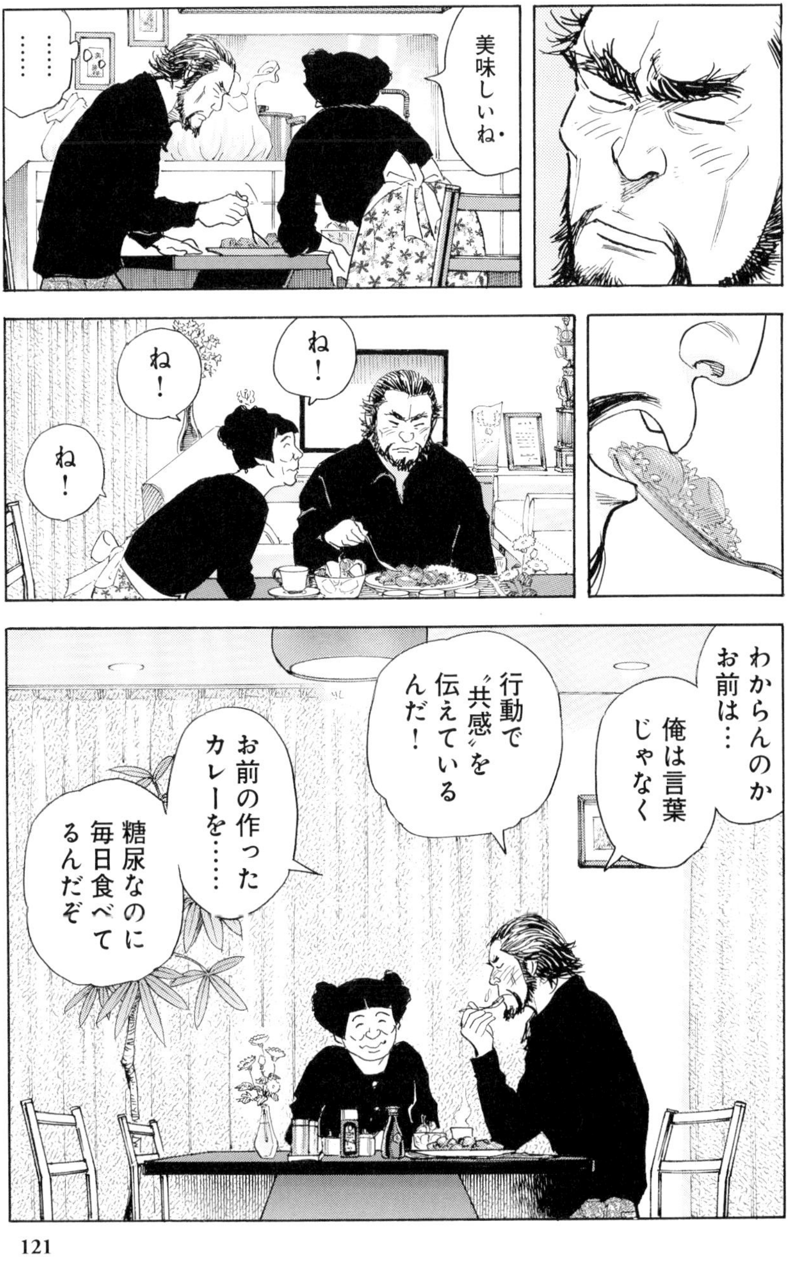
美味しいね・
……
……
ね！
ね！
ね！
わからんのか お前は…
俺は言葉 じゃなく
行動で〝共感〟を伝えているんだ！
お前の作ったカレーを……
糖尿なのに毎日食べてるんだぞ

「共感」は天賦の才ではありません
単なるひらめきでもありません

素質や才能が関係しているかも
しれませんが

「共感」は訓練や経験によって
開発されていく技術でもあるのです

「共感」の能力は
自分が人から「共感」される経験に
よって身につくものです

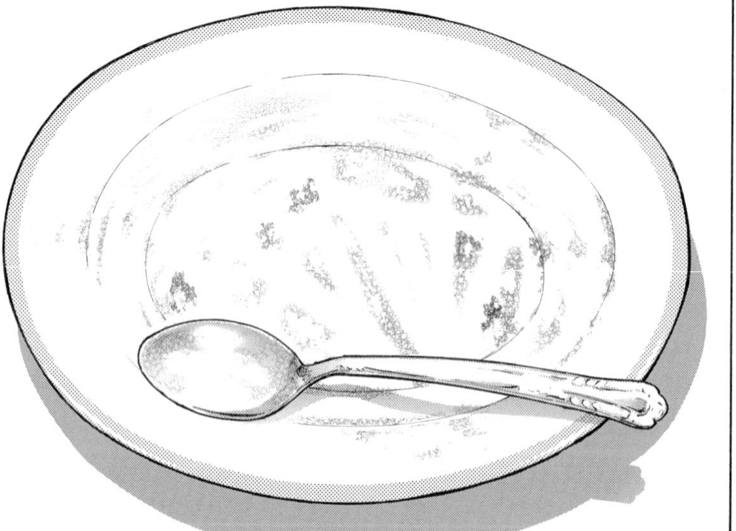

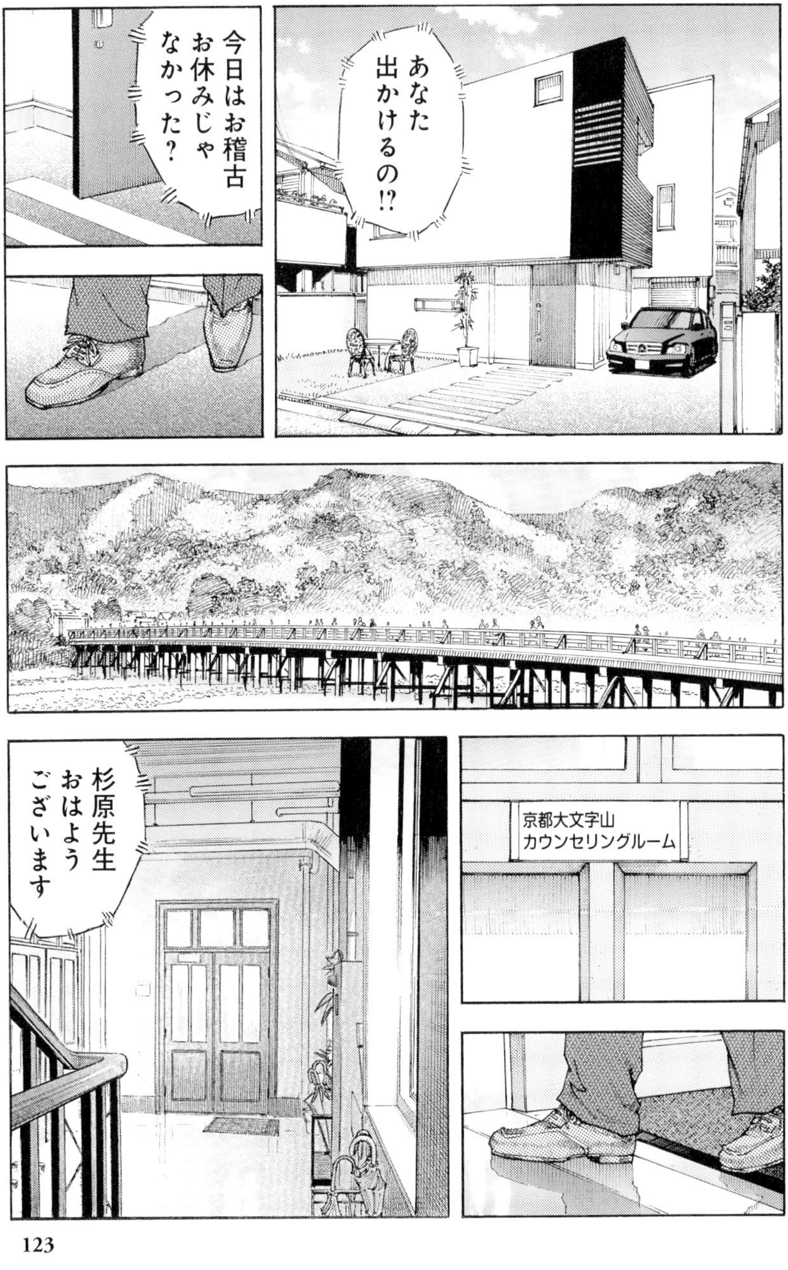
あなた
出かけるの!?
今日はお稽古
お休みじゃ
なかった？
京都大文字山
カウンセリングルーム
杉原先生
おはよう
ございます

杉原先生からのアドヴァイス❺ 言葉以外で共感を表わす方法

共感はまず感じること。でも、感じて、それで終わりではありません。それをどう表現するかが大事なポイントです。最終的には、その人がどれだけ相手に共感できたのかは、どれだけそれを相手に表現できたか、どれだけそれが相手に伝わったかによってしか計れないのです。

あなたに感じる能力があるのなら、それをあなたの心の中だけに秘めておくのは残念なことです。

あなたの感じる能力を表現する方向に踏み出しましょう。それは表現され、相手の役に立って初めて輝きを見せます。そのことは、その能力を自然に強めるでしょう。表現してみたら、思い違いだったと分かって気まずい思いをすることもあるかもしれません。しかしそうした苦い経験こそが共感の能力に磨きをかけるのです。

実際のところ、感じる能力と表現する能力は互いに手に手を取って鍛《きた》えられるものです。どちらか一方のみを鍛えることなど不可能です。

共感を表現するとき、もちろん言葉も大事ですが、それ以上に視線、表情、姿勢、ジェスチャー、声、呼吸といった言葉によらないコミュニケーションがずっと重要です。

たとえば、相づちです。相手の話を聴きながら、相手の情緒的なトーンに声の調子を合わせていきます。あるときは高く、あるときは低く。あるときはパッと速く、あるときはぐーっとゆっくり。またあるときは小さく軽く薄く、あるときは大きく重厚に。相手の話す内容や声に合わせて変化をつけます。

ただ、相づちは多ければいいというものでもありません。私はカウンセラーのための傾聴の研修で、相づちはどこで打つかとともに、どこで打たないかが重要だということをよく言います。どこで強く打つかとともに、どこで弱く打つかも重要です。相づちを打たないところや弱く打つところがしっかりと存在することによってはじめて、相づちは効果的になるのです。

第5話

浅い共感、深い共感

相手が話していないこと、
話せないでいることを聴く

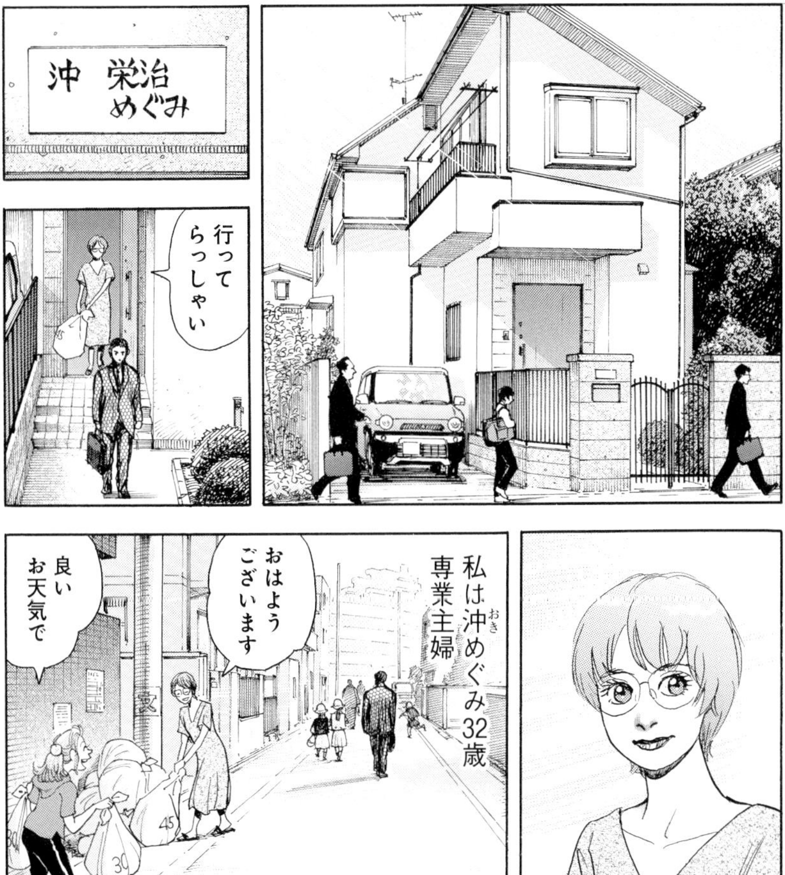

沖 栄治
めぐみ
行って らっしゃい
私は沖《おき》めぐみ32歳
専業主婦
おはよう ございます
良い お天気で

私の夫
沖 栄治《えいじ》は
一流大学を
卒業し
某一流外資系の
商社に入社
現在37歳の若さで
営業課長に就いている
語学は3ケ国語
堪能で
ゴルフはシングルの
腕前
クラシック
ギターを
やり
絵画と
書道は
二科展に
8年連続
入選している
夫は…
自分は…
価値ある人間だと
信じて疑わない
エリートサラリーマン
だった……

あの大病を患《わずら》うまでは
私の考えはそういうことだ
他にみんなの考えがあったら忌憚《きたん》なく聞かせてほしい
…… ……

課長の提案がベストだと僕らは思います
でも…
でも何だ？
山本《やまもと》
おまえ言ってたよな課長の考えに少し納得がいかないところがあるって
え…!!
どこが不満なんだ!?
言ってみろ山本！
いいえ……
不満だなんて…ボ僕もみんなと同じ…意見で……
無理にみんなに合わせなくていいンだ
合わせるなんて……本当に……

山本　この書類はなんだ
こんなもので向こうを説得できると思っているのかッ
馬鹿野郎
す…すみませン
おまえの脳みそはゴキブリ以下だな　急いでやり直せ
は　はい…
はい…　申し訳ありません部長
はい　はい…　すぐやり直しさせますので
明朝までには必ず……
申し訳ございません…
………
僕のミスで…
課長に大変ご迷惑をおかけしまして
本当に…

馬鹿野郎
まだいたのか
早くデスクに
戻って明朝までに
書類を完成させろ
は はい…
すみません
沖課長が……
僕にきびしく当たる
のは…
僕を嫌って
いるんじゃ
ない……
ちがう……
嫌ってなんて
いない……
僕を大切に
思っていてくれる
からだよな……
うん…そうだ
絶対にそうだッ

夫の部下
山本博道《ひろみち》さん27歳
彼は幼い頃
両親から虐待を受け
養護施設で育った
〝苦学力行《くがくりっこう》の士《ひと》〟
だそうです
カラオケの
カラオケ

次は山本歌え
わたし山本くんの歌を聴いたことない
歌って♡
ボ僕はヘタだし……
そ…それに歌知らないし…
歌うためにカラオケにきたんだろ歌え――ッ
いつもの三流大学の校歌を歌え
それでもいいよ歌ってよォ
シラケさせんじゃねえよ早く歌えッ
子供の時からずっと
イジられ役か……
音痴
ヘタくそ
いいぞいいぞ
サルよりはマシだ
サルが怒るよ

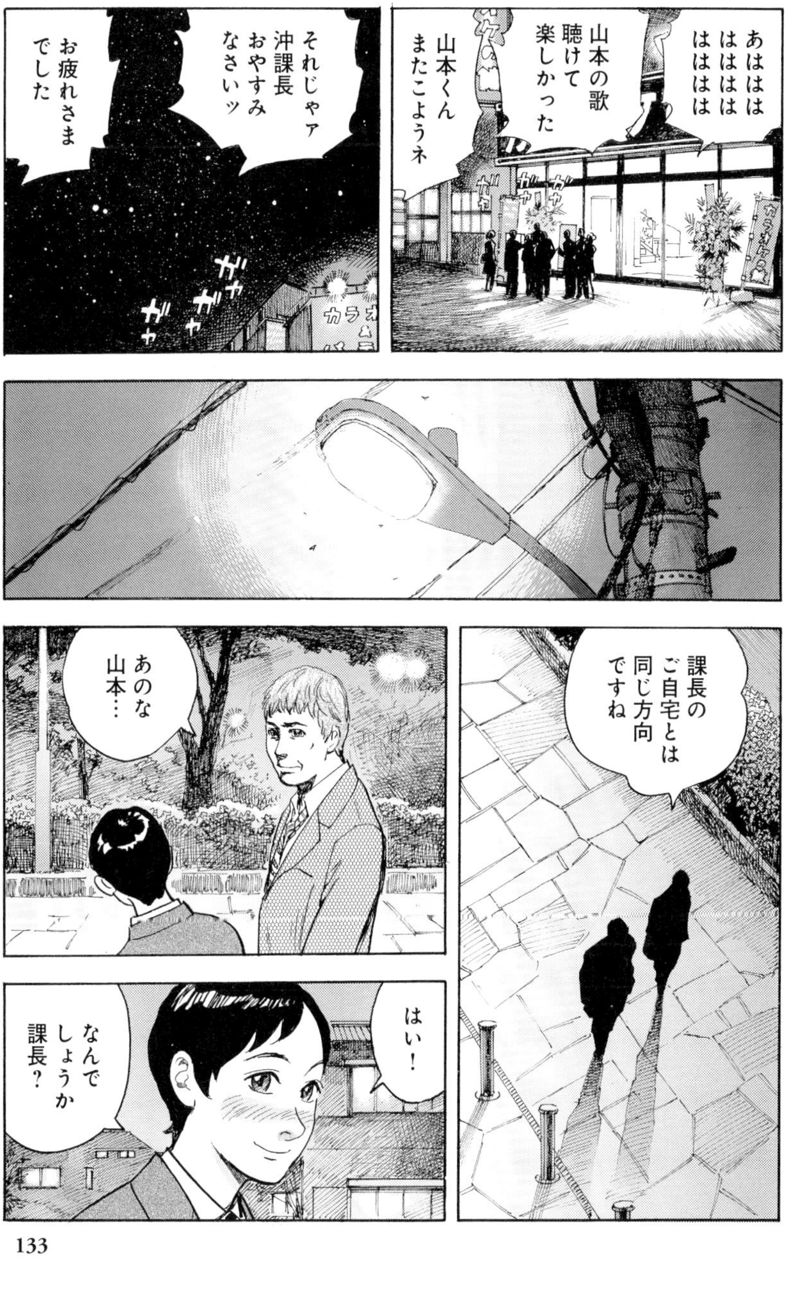
あははは
はははは
ははは
山本の歌
聴けて
楽しかった
山本くん
またこようネ
ガヤ
ガヤ
それじゃア
沖課長
おやすみ
なさいッ
お疲れさま
でした
ガヤ
ガヤ
ガヤ
課長の
ご自宅とは
同じ方向
ですね
あのな
山本…
はい！
なんで
しょうか
課長？

カラオケは嫌いか…
は はい
あまり好きなほうでは……
イヤなら無理して付き合わなきゃいいンだ
イジられて楽しいのか？
この前の営業会議だってそうだ
本当は私の考えに納得していなかったんじゃないのか
そ そんなことありません
私は課長の考えに…
私は…みんなと同じく…大賛成でした
本当です課長…
それにな私がこんなことを言うのも変だが…

先週キミが書類をミスした時
私は馬鹿だゴキブリ以下だとののしっただろう…
あれは立派なパワーハラスメントだ
なのにキミはだまって怒りもせずに平身低頭
あれは…
僕の…ミスで…
そのために課長に
大変なご迷惑を……
人に必要以上に気を遣い…
自分の気持ちを押し込めて…
人に合わせようとする…
そんなキミを見ているとな
私は痛々しく思う時がある……

僕はみんなのように一流大学を出ていないし…しかも途中入社です人に気を遣い自分の気持ちを押し込めて…
みんなと調子を合わせることで
……イジられることで……
こんな僕という人間でも……
みんなの中に入れてもらえるんです……
ピラリ〜ラリ〜
それが……
嬉しいってことも…
あるんです
……………
ピラリ〜ラリ
ピラリラリ〜

それ以外の関わり方がわからないというンだから
・・・・・あれはあれで嬉しいのだろう
〝浅い共感〟ね
浅い・・・
めぐみどういう意味だ・・・??

あなたの話を聴いていて感じたのだけど
山本さんはもしかすると
あなたにそんな風に馬鹿にされたり社員の方達にイジられたりする中で…
結構傷ついているのかもよ

傷ついているけど他の関り方がわからないから
そのキャラを降りると人間関係を失ってしまう
それも怖い孤独になりたくない……
馬鹿にされたりイジられキャラは嫌だけど孤立するよりはましだ……
そんな風にどこかで思って今のキャラを演じているんじゃ……

それが
めぐみの考える
“深い共感”と
いうわけか……
しかし……
めぐみの
見当違い
だったら
ズズ〜
この場合
内容が当たっている
外れているかは
重要な問題じゃないの
「心の深い層」の内容は
本人にとっても非常に
曖昧なものだから……
ただそう投げかけて
山本さんの心に尋ねて
みることが大事なの
そういう
やりとりそのものが
“深い共感”なの

ピンポーン
ピンポーン
こんな時間に誰かナ…?
ピンポーン
ピンポーン
はーい
はーい
ワン
ワン
ワン
ガチャーン
・・・トマト!?
まるちゃん元気だった
ワン
ワン
ワン
あなたフランスへ行ってたのじゃ…
一人…
行雄《ゆきお》さんは?
ワン
ワン
ワン
トマトは小学生からの私の大親友です
今度こそあんなやつとはもう別れてやるッ
え!?

栄治さん
こんばんは
夜遅くに
おじゃまして
ごめんなさい
ワンワン
ガラガラ
いらっ
しゃい
何年ぶり
かなァ
ま！
かけて
ワン
こまちゃんも
元気だったァ
ワンワン
彼にとって
私の存在は
ただの虫けら
同然なのよ
虫けら
……って
私たちの
結婚生活には
何の意味も
なかったのよ
そんなので
私の仕事も
なかなか
うまくいって
なくて……
もう自信も情熱も
なくしちゃった……

めぐみ私ね…
フランスに行って服飾デザイナーになるの…
私の夢だったのよ…
知ってる
小学生の頃からトマト言ってたもンね
トマトさんコーヒーを
ありがとう栄治さんは昔と変わらず優しいわねめぐみは幸せよね
才能にあふれた聡明なトマトさんを
虫けら同然に扱うとはヒドイ
別れた方がいいなすぐに別れちゃいなさいッ
なんなら私が仲に入ってもいい弁護士を世話しようか
まって！
あなたはいつも性急すぎるわよ
こういう問題は時間をかけりゃいいいってもんじゃない!!
いいから！
もう少しトマトの話を聴きましょう

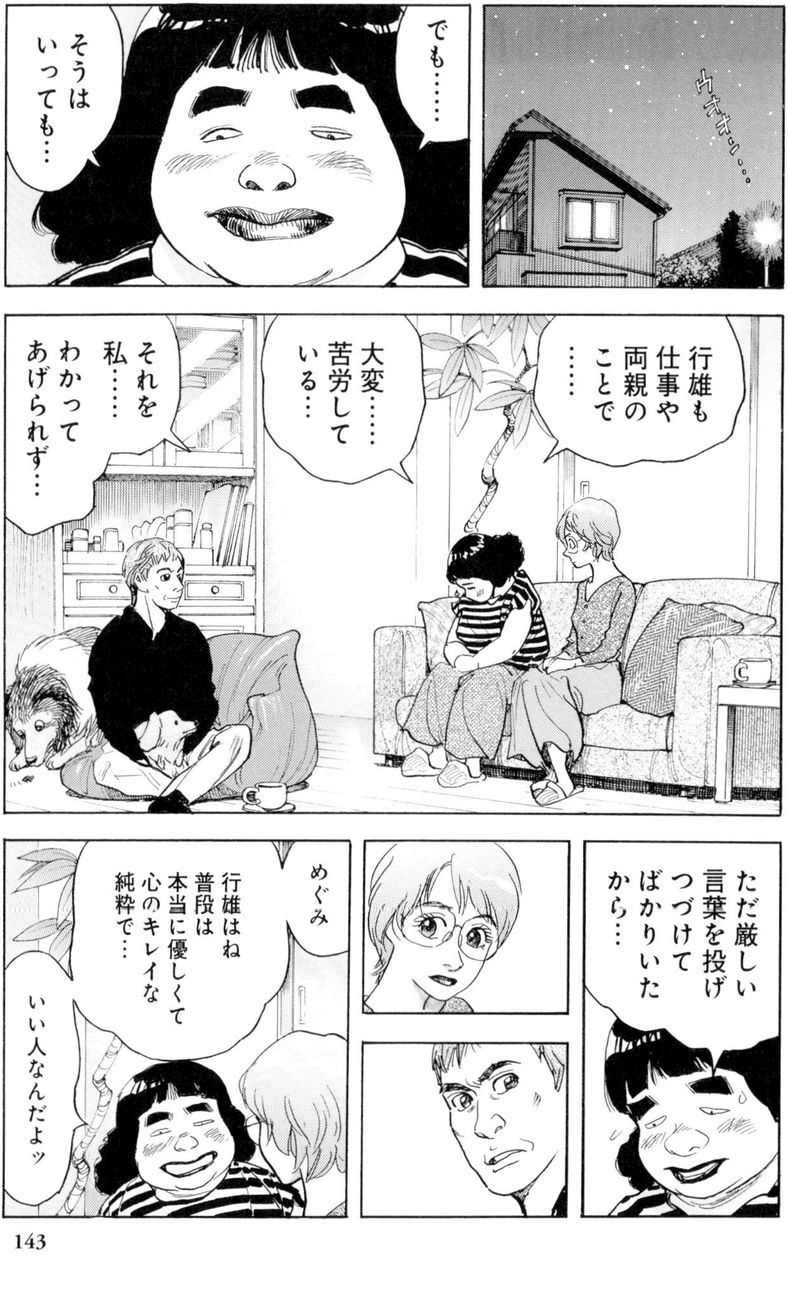
ウオオーン…
でも……
そうはいっても…
行雄も仕事や両親のことで……
大変……苦労している…
それを私……わかってあげられず…
ただ厳しい言葉を投げつづけてばかりいたから…
めぐみ
行雄はね普段は本当に優しくて心のキレイな純粋で…
いい人なんだよッ

行雄は……
可哀想な人なんだ……
………………
さっきまで別れるって言ってたのに今は同情している
いったいどういうことよ!?
あなた
はい！だまってます
つらいね…
トマトは行雄さんとの結婚生活に少々疲れて……本当に別れてしまいたいと思っている
その一方で…
行雄さんの良い面を知っていて彼の苦労を思うと可哀想にも思える…
二つの相反する気持ちがあってつらいんだよね……

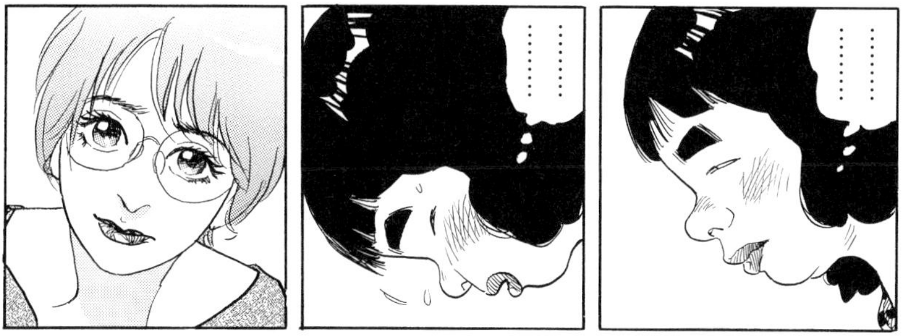

激しい葛藤を抱えている人は
葛藤の二つの面を同時に
見つめることはできません
共感的な対応をするためには
話を聴いても性急に白黒を
つけようとしないことが大切です

葛藤の両面が穏やかに
同時に存在できるようなモデルを
あなたが見せるのです

悩んでいる人は
目の前に示されたモデルから
学ぶところがあるでしょう

トマトは仕事に自信も情熱もなくしたと言ったけど……
あなたの話す声の調子《トーン》からして私にはそうは聴こえなかった
…………
私にはトマトの夢はまだあなたの「心の深層」で生き生きしているように感じたよ……
トマトは今頭の中が混乱して自分を見失っているだけ
行雄さんとも仕事もうまくやって行けるよ
……ほほんとに……
トマトなら大丈夫よ
めぐみほんとに…

トマト
大学時代を
思い出して
今夜は
徹夜でパーッと
飲もう！
やろう
やろう
めぐみ
栄治さんも
飲もう
明日は日曜日で
会社はお休み
でしょう
私は明日
社内の
ゴルフ
コンペで
〝共感〟において
声のトーンはとっても
重要です
相手の話を聴くときは
話の内容ばかりに
注意を奪われては
いけません
話の内容を乗せて
運んでいる乗物である
声にも注意を向ける
ことです

翌日
夫はゴルフ場で倒れ
救急車で病院に
運ばれた
病名は
ハッキリせず
絶対安静の
まま……
半年が過ぎた…

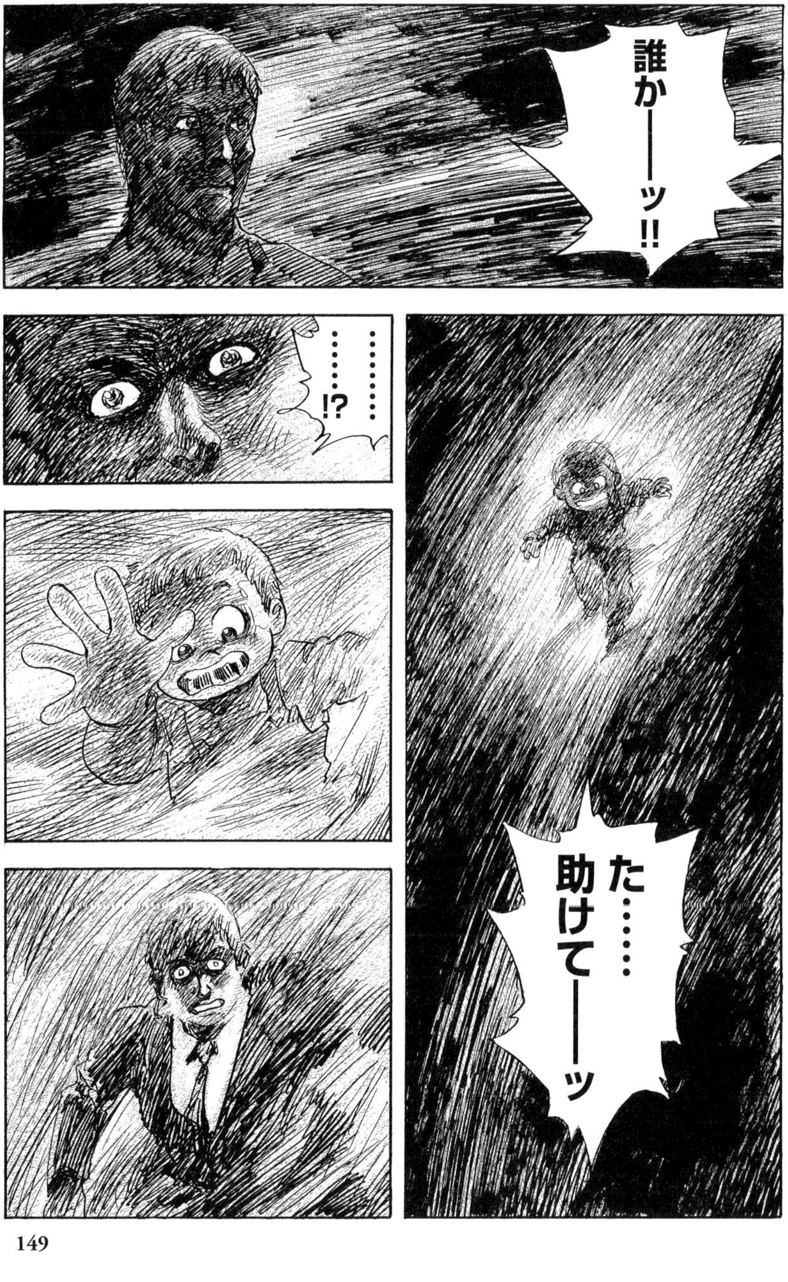
誰かーーッ!!
……
……!?
た……
助けてーーッ

うわッ
はァ
はァ
はァ
はァ
はァ
また…
この夢か…

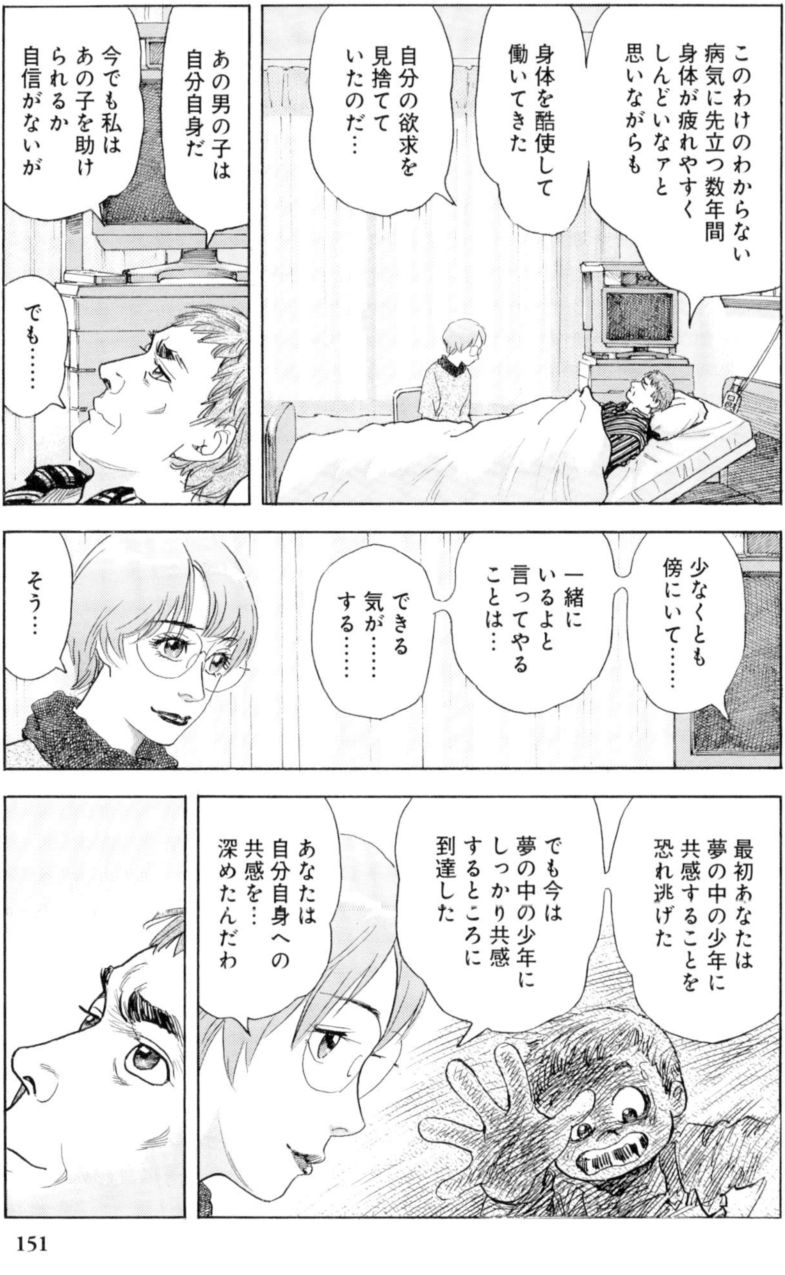
このわけのわからない
病気に先立つ数年間
身体が疲れやすく
しんどいなァと
思いながらも
身体を酷使して
働いてきた
自分の欲求を
見捨てて
いたのだ…
あの男の子は
自分自身だ
今でも私は
あの子を助け
られるか
自信がないが
でも……
少なくとも
傍にいて……
一緒に
いるよと
言ってやる
ことは…
できる
気が……
する……
そう…
最初あなたは
夢の中の少年に
共感することを
恐れ逃げた
でも今は
夢の中の少年に
しっかり共感
するところに
到達した
あなたは
自分自身への
共感を…
深めたんだわ

私はこれまで自分を“価値ある人間”だと
信じて疑うことすらしてこなかったことがはずかしい……
入院してまもない頃だ……
深夜一人ぽっちのこの病室で薄暗い天井を見ているとね……
恐ろしく不安に駆られて……
このまま病気が治らなかったらどうしよう…
会社を首になって…現在の地位をなくしたらどうしよう……
自分の存在をなくすことになったら……生きていく意義があるのか……
そんな不健全で破壊的なネガティブな考えばかりが…
頭の中を支配して……

めぐみ 私はね
病気に…なったおかげで これまで見えなかったものが 見えるようになった……
うん
山本くん…
どうしているかなァ………
めぐみに言われたね 私のは……
〝浅い共感〟だと……
彼は私のことを…
心の底では軽蔑しているだろうな…
どうですかねェ…

沖 栄治様
ここだ
コッ
コッ
カチャ
課長
いかがですか？
おう…
山本…！

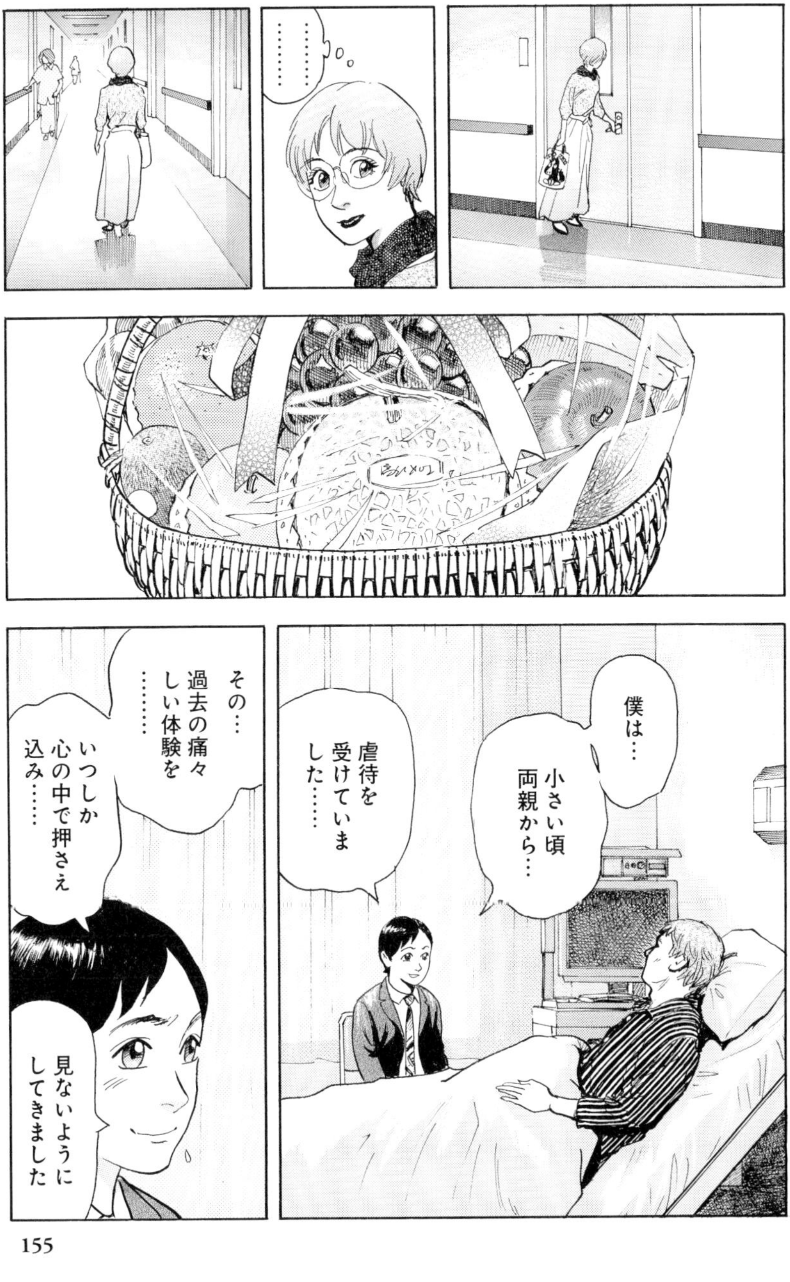
…………
僕は……
小さい頃両親から……
虐待を受けていました……
その…過去の痛々しい体験を……
いつしか心の中で押さえ込み……
見ないようにしてきました

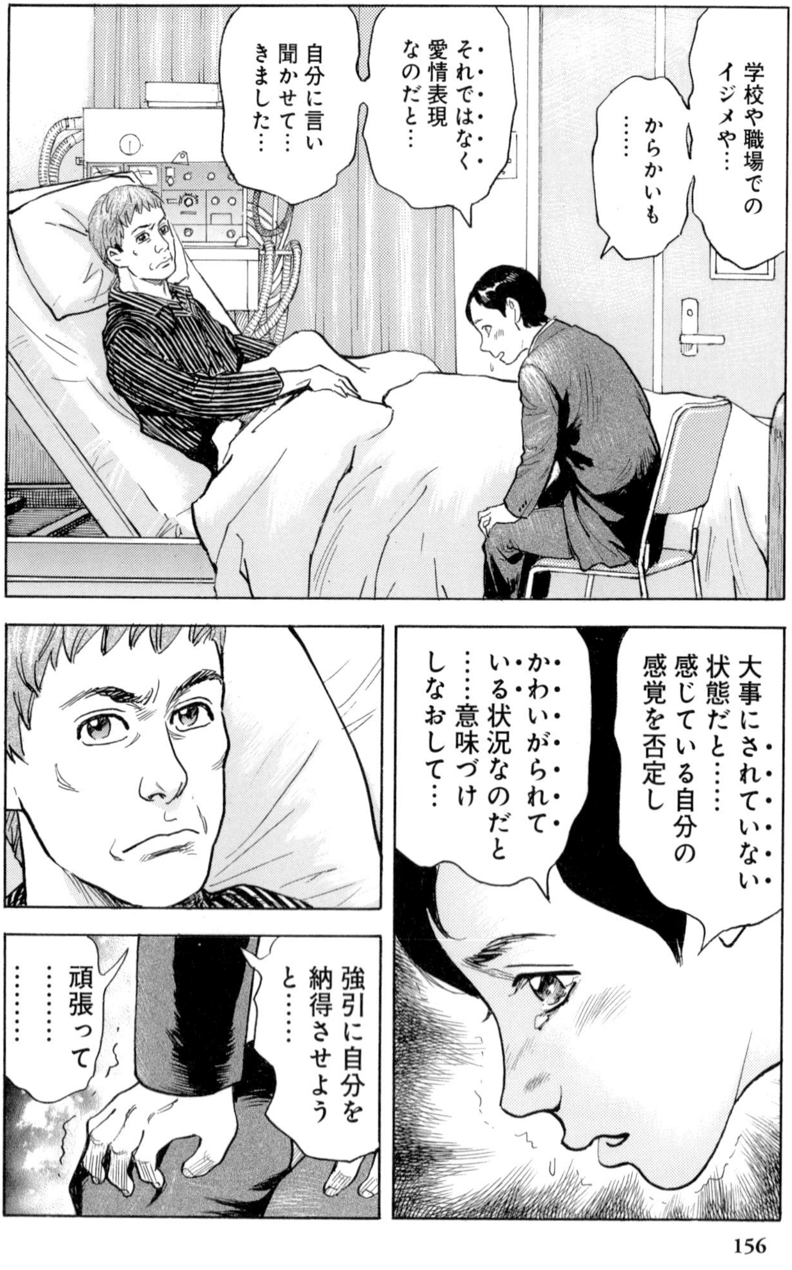
学校や職場でのイジメや…
からかいも……
それではなく愛情表現なのだと…
自分に言い聞かせて…きました…
大事にされていない状態だと……感じている自分の感覚を否定し
かわいがられている状況なのだと……意味づけしなおして…
強引に自分を納得させようと……
頑張って…………………

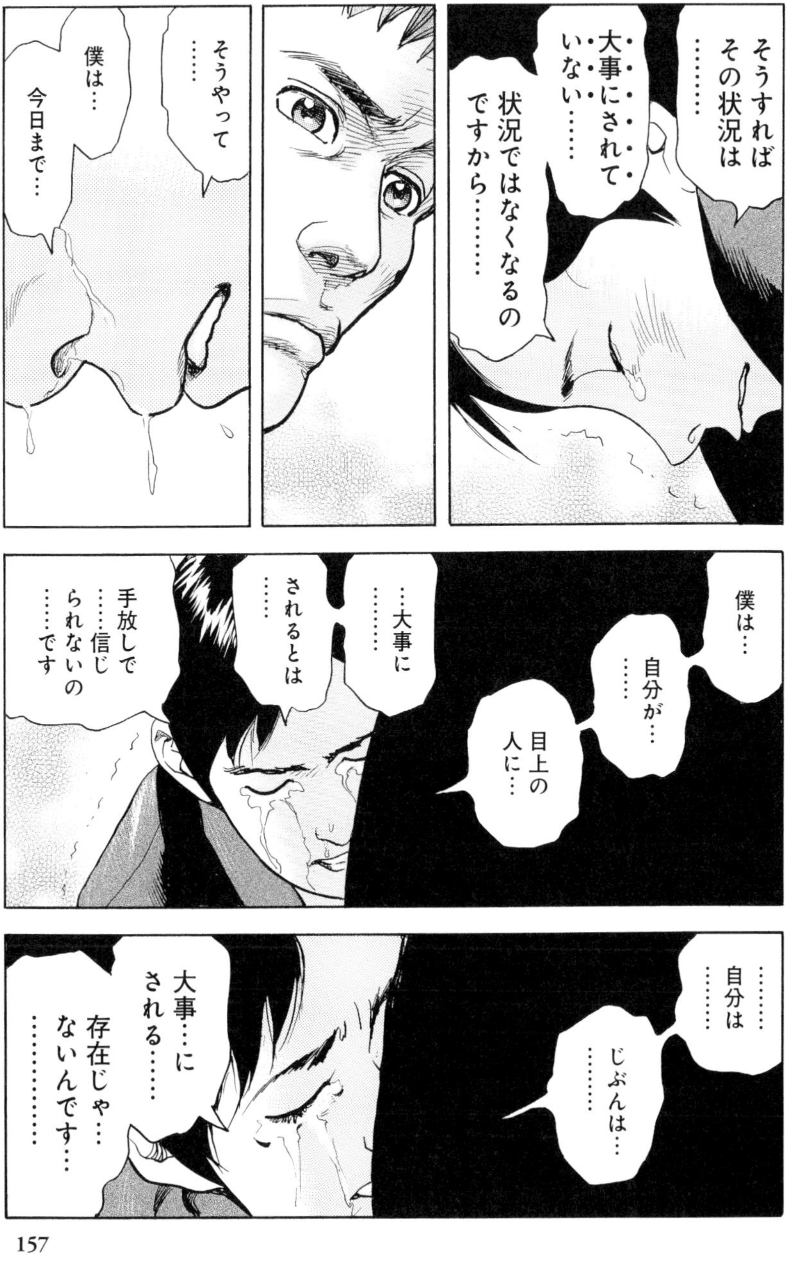
そうすれば その状況は………
大事にされて いない……
状況ではなくなるのですから………
そうやって ……
僕は… 今日まで…
僕は…
自分が……
目上の人に…
…大事に………
されるとは……
手放しで……信じられないの……です
………自分は
じぶんは………
大事…に される………
存在じゃ… ないんです…………………

苦しみは分けあえば半分になる
これで妻の役目は終わった

BOM CRAZY
更衣室
共感は単に心の中の現象ではありません
自分の中で以前は認めることが
できなかった部分に〝共感〟が
広がることは……
〝生き方が変わる〟ということです
〝行動が変化する〟ということです

杉原先生からのアドヴァイス❻ 言葉にされないものを聴き取る

人が話しているのを聴いていて、その人がはっきりと言葉にして述べていることを文字通りそのまま受け取るような反応をするとき、それは心の浅い層に対する共感です。これに対して、その人がはっきりとは言葉にしていないし、まだはっきりと言葉にできないでいるような、その人自身にとってもあやふやな体験、距離のある体験を、聴き手が言葉にして返すとき、それは心の深い層に対する共感だと言えるでしょう。

このとき、当人自身でさえはっきり言葉にできないような内容を、聴き手はどのようにして理解するのでしょうか？　これは決して単に知的・論理的な推測ではありません。話し手の声のトーンや表情には、言葉にならない感情が表現されています。ですから、相手の話を聴くときには、相手の話の内容ばかりに注意を奪われず、相手の声を聴き、表情を見ることが大事です。

声には、話し手の今ここでの感情が表現されています。「いじられるのが嬉しいってこともあるんです」という内容が語られるとき、伏し目がちで硬い表情かもしれません。その表情を見て取ることが大切です。「みんなとどう関わっていいかわからないから、いじってもらえるのはありがたいんです」という内容が語られるとき、不自然に軽く明るいトーンの声かもしれません。その声を聴きましょう。

そして、表情や声に表された感情のニュアンスと、話の内容とが調和しているかどうかに気づきを向けます。「君がいじられて嬉しいって言うとき、表情や声からして何となく無理している感じがするんだよね」と言ってみてもいいでしょう。もし話し手があなたに安心して心を開いてくれれば、そこから、いじられるつらさや傷つきが語られることになるはずです。

話し手の今ここでのほんとうの気持ちは、言葉で語られた「嬉しい」よりも、表情や声に反映された「つらさ」の方なのです。できれば話し手はそれを話したいはずです。

第6話

対立する相手への共感

共感のほころびを丁寧に修復していく

東京・新宿歌舞伎町
ヨロ
あッ
馬鹿野郎
気をつけろ——ッ
すすみません…
高2の春
親父の考えに
共感できず
家を出た

その時
持ち出したお金は
すぐに使い果たした
高校中退と
いうことで
働き口は
安い時給の
バイトしか
なかった
ウィ〜〜〜
バカな
あんたは〜〜〜♪
お お客さん
小便は
便器の
中へ…
ヒク
うるせえ——ッ
ションベン
飲みたい
おバカさん
だね〜〜〜♬
ウィ〜〜〜

先の見えぬまま食うために
点々とバイトを変えて
現在《いま》は…
クラブの下働きをしている
……
帰りたい……
家に…
帰りたい……
ミャァ

ありがとう
ございました
お おはよう
ございまス
店長
遅れて
すみま
セン
また
遅刻か
ガミ
ガミ
ガミ
ガミ

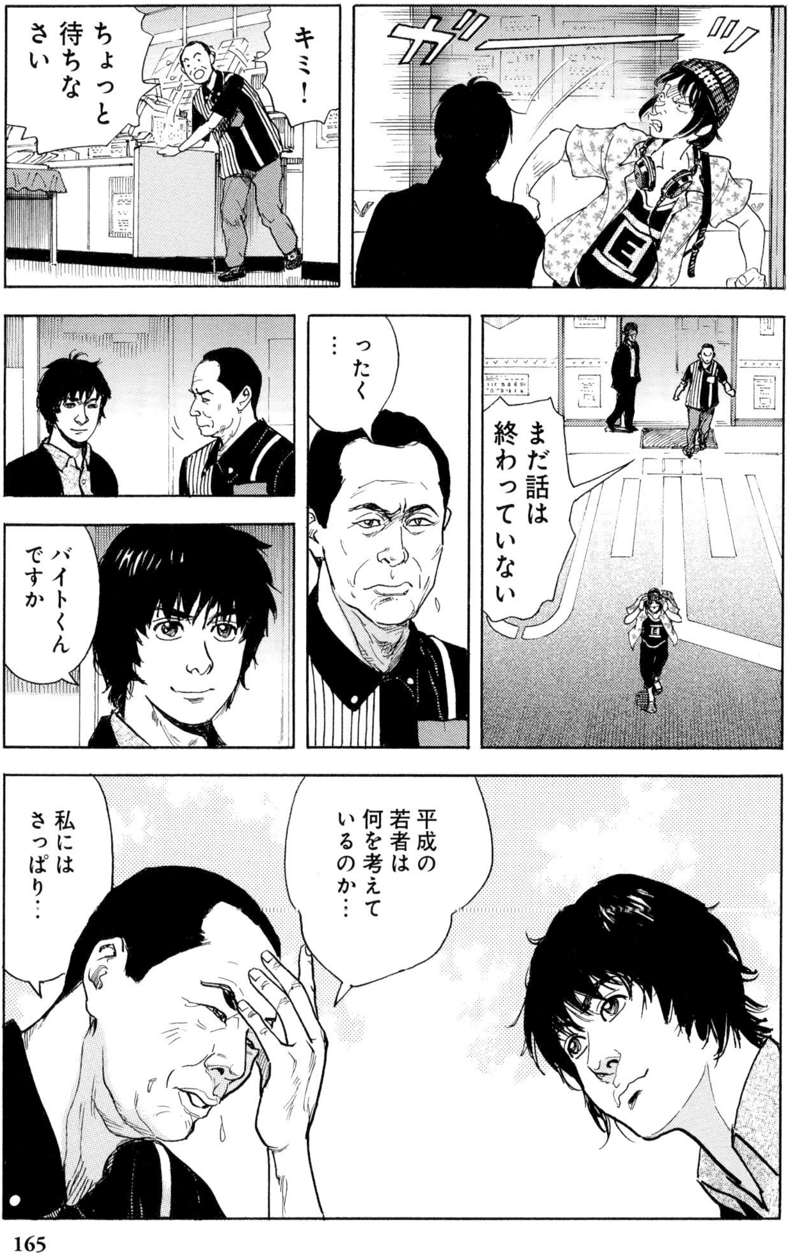
ガーッ
キミ！
ちょっと待ちなさい
まだ話は終わっていない
ったく…
バイトくんですか
平成の若者は何を考えているのか…
私にはさっぱり…

生きてる
ヨーグルト
プレーン
あと
ホット
コーヒー
いつもの
R《レギュラー》ですね
おまち
どうさま
ありがとう
カシャ
カシャ
遅刻の理由は
何ですか？
なんだと
思います
さァ…
大学生だから
提出しなきゃ
ならんレポートが
溜まっていて…
冗談じゃ
ありませんよ
勉強で遅れるン
だったら少々
大目にみますがね

ゲームですよ
ゲーム…
ネットゲームをして夜更かし
それで朝起きられないと平気で言うんですから……
それでね あたしは気を遣いながら…
ねえ キミ
だったら早く寝たほうがいいンじゃないのって
ていねいな口調で助言をしたわけよ…
そしたらあの野郎……
まあ それはわかっているンですけどネ
ボク どうしてもやめられないんス
そんな返事が返ってきたんですよッ
どうしてもやめられない……って どういうこと!?

気を静めて
あたし穏かに
訊《き》きました
どうして
もう少し
早くゲームを
やめられない
のですかって
何度も
何度も
しかし
彼に
説明を
聴けば
きくほど
理解できなく
なりました
あたしも
仏様じゃ
ありません
からね…
遅刻する
ような人間は
うちの店には
いらねぇや
……と言って
しまった
ピチャ
はい
そしたら
そうですかと
言って帰って
しまった……と
これまで働いた分は
銀行に振り込んで
くださいねって
そういう
ところは
チャッカリ
している
店長ッ
いつまでも
しゃべってないで
レジの方
お願いします!
アルバイト
募集中
はい
はい

平成の若者の考え方は
昭和の人間にはまったく共感できませんよ
新しいバイトくん早く見つかるといいね 店長
それなんですよ
あんな遅刻常習犯でも雇っていたというのは……
なかなか人手がいなくてねェ
本当のところ困っちゃったのよ……
運転手さん
誰かゲームしないいい男の子いませんか
ゲームをしない子
むつかしい要求ですねェ……
ニートっていうの…
そういうぶらぶらしてるの…
そういやァ
店長のところに息子さんいたんじゃ…

恒夫《つねお》は…息子は私を裏切った
たとえ戻ってきても家には絶対に入れねえ
………………

恒夫ちゃ〜〜〜んッ

家族というのは
とても強い感情を
引き起こす
人間関係で
冷静に
眺めることが
難しいものです
私たちは家族に
対してはついつい
強い期待を抱き
さまざまな
願望を投げた
がるものです
ボー
ボー
親の期待に
応えることこそが
子供の親に対する
愛情表現であり
親の期待と
異なる道を
選ぶと
親を愛していない
どころか
それは裏切り
行為であるという
ことになる
家族が知らず
知らずのうちに
共有してしまっ
ている
こうした
価値観は
ミャァ
ミャァ
ミャァ
家族に
苦しみや
ストレスを
もたらし
互いへの〝共感〟を
妨げるのです
ミャァ
ミャァ

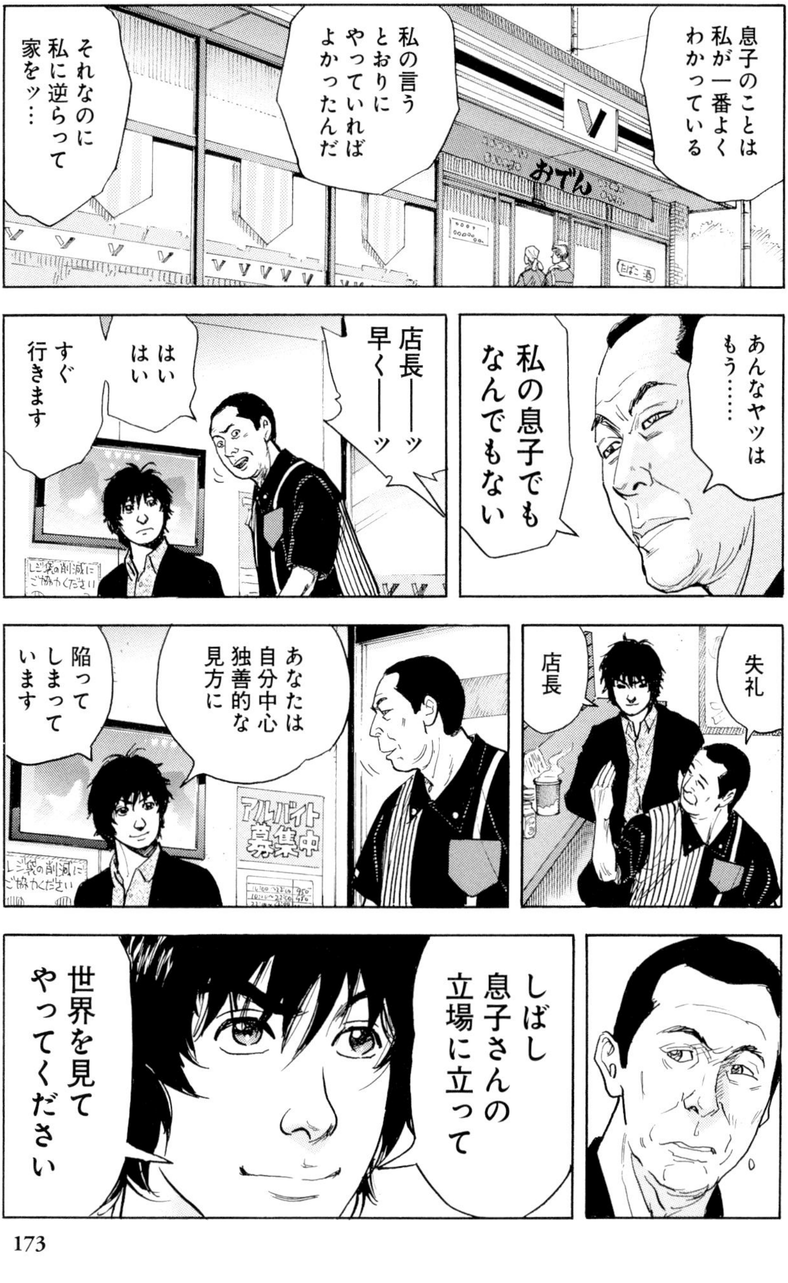
息子のことは私が一番よくわかっている
おでん
たばこ 酒
私の言うとおりにやっていればよかったんだ
それなのに私に逆らって家をッ…
あんなヤツはもう……
私の息子でもなんでもない
店長──ッ早く──ッ
はいはい
すぐ行きます
レジ袋の削減にご協力ください
失礼
店長
あなたは自分中心独善的な見方に
陥ってしまっています
アルバイト募集中
しばし息子さんの立場に立って
世界を見てやってください

もう寝る
ガチャ
……
しばし息子さんの立場に立って
世界を見てやってください

賞状
……
あの…
馬鹿…
今…
どこに……

恒夫ちゃん
あなた…
あなた——ッ

ミャ〜
お……
お父ちゃん…

ザザザ
バカ…
風邪ひくぞ早よ中へ…
ここはお前の家だ…
ペチャペチャペチャ

体罰は相手との関係を悪化させて逆に攻撃的にさせてしまうものです
世界的な馬の調教師モンティ・ロバーツ
チンパンジーに図形文字を教えた松沢哲郎《まつざわてつろう》
セラピー犬を育てた山本央子《やまもとなかこ》
いずれも体罰は用いていません
本日の業務これにて終了
京都大文字山
カウンセリングルーム
虐待は自分中心教育は相手中心なのです

失敗が共感を深める

わたしたちは、対立する相手には共感しないような構えを作ってしまいがちです。対立する相手に対しては、「うかつに共感したら負けだ」とか、「共感することとは許すことであり、絶対に許すわけにはいかないから共感できない」といった考えに陥りがちです。このように対立する相手への共感を排除するなら、対立は長引くばかりか、エスカレートさえしていくことでしょう。

親子のような上下関係において対立がエスカレートしていけば、やがてそれは虐待となります。

多くの人が、「愛情をもって導くこと」と「虐待すること」をまったく相容れない真逆な行為だと思っています。しかしながら、実際には両者は渾然一体となっていることが多いものです。虐待的な親が、常に虐待的で、冷酷きわまりないのであれば話は簡単ですが、実際にはそんなに単純なケースばかりではありません。強く愛情を抱いている相手であればこそ、思い通りにならないとき、強い憎しみが生じてくるものです。

親であれば誰でも、自分が愛する子どもに対して冷静さを失い、思わず虐待的になってしまっている瞬間に気づいた苦い経験に覚えがあるのではないでしょうか？　このように虐待的となることは、不幸な人間の欠点ですが、避けられない欠点でもあります。そしてまた愛すべき欠点でもあると私は思います。愛すべき欠点というのは、そこには相手に対する本気の関わりが表われているとも思うからです。相手を本気で心配しているからこそ、真剣に怒りもし、冷静さを失いもするのです。

カッとなって虐待的になってしまう瞬間は、まさに共感があからさまに失敗した最悪の瞬間です。けれども、とても逆説的なことに、共感があからさまに失敗したこうした最悪の瞬間を修復する作業が、共感を深めるのです。小さな虐待的エピソードにおける小さな共感のほころびを、その都度、丁寧《ていねい》に修復していけば、人間関係の絆はむしろ深まり、信頼感や安心感が増していくものです。

エピローグ

あなたも共感者になれる

**共感者になるには、相手の思いを受け止め、
注意を向けてひたすら話を聴くことです。
相手を中心に考えていく時に感じられるのが
「共感」です。**

人間関係の中で〝共感〟を強めていくための
ヒントやコツを…掴めましたか？
はい！
はい！
そうですね
いつでも誰とでも〝共感〟できる人は…
私もふくめていないと思います

ただ〝共感〟は
気がつけば
どこにでもある
現象です
育むことの
できる
現象なんです
京都
どすえ
I♡
京都
相手の立場に
立って
理解する
これが
共感的理解です

自分自身の評価や判断から離れ……
それを放っておきましょう
そしてひたすら相手に注意を置き続けるのです
杉原
動
病院

個人
それであなたも
共感者になれます

共感とは
人と人が関わり合い
互いに影響し合う
プロセスなのです
プロカウンセラーの
共感の技術
完

あとがき

お読み頂き、ありがとうございました。

コミック版『プロカウンセラーの共感の技術』、いかがでしたでしょうか？

共感は、人間関係を深めていくためにも、個人の生きがいを高めていくためにも、ひいては前向きで健康的な組織や社会を築いていくためにも、とても重要なものです。そして共感は、誰にもその可能性が与えられているものでありながら、それを実際に大きく力強く育てて実践している人もあれば、その価値に気づかずに放置して枯らせてしまっている人もいるというのが実情です。共感は、目に見えず、形もなく、曖昧なつかみ所のないものですが、その技術は、確かにあります。そしてそれは、日々、意識して育てていけば、きっと育っていくものです。

本書は、2015年に出版された拙著、『プロカウンセラーの共感の技術』をコミック化したものです。私がその本で伝えようとしたことは、実際上、とてもシンプルなことです。人によっては当たり前のことばかり書いてあると思うかもしれません。その一方で、テキスト版の『プロカウンセラーの共感の技術』を読んだ人から、「易しい言葉で書かれているけれども、中身はなかなか難しいですね」という感想を聴くこともありました。共感の技術は、感情という曖昧なものをめぐる輪郭のはっきりしない技術です。どのように言葉にしたらもっと多くの人にうまく伝えることができるのだろうか？ 私にとってはそれがずっと悩みの種でした。

そこにこのコミック化の話が持ち上がりました。最初の下書き（業界用語で言うネーム）を拝見して、正直、驚きました。そこには私が文字で苦心して表現した内容が生き生きとイメージ化されていました。私が文字で表現したメッセージがストーリーの中にうまく織り込まれていました。その結果、ストーリーを追うことで自然に体験的に伝わるものがあるのです。テキスト版と同じ文が用いられているところもありますが、具体的なイメージが伴うことで、そのメッセージのインパクトはぐっと高まっています。

こうして見ると、コミック版『プロカウンセラーの共感の技術』は、テキスト版『プロカウンセラーの共感の技術』をうまく補うものとなったと思います。もし本書を読んで興味を持たれたら、テキスト版の方もあわせて読んでいただけると、さらに理解が深まるところも出てくるかと思います。

たくさんの大きな問題を抱えた現代社会においては、悩みや苦しみがそう簡単になくなるとは思えません。しかし、個々人が分断され、ただ孤独のうちに打ちひしがれていくのを食い止め、誰かの悩みや苦しみをみんなで抱え、知恵を出し合っていくことはできるのではないでしょうか。コミック化により、本書がより多くの人の目にとまり、少しでもその方向で役立つことを願っています。

自分の著作がコミック化されるというのは、著者としてとても幸せなことです。しかもそれをやまさき拓味先生に手がけて頂いたことは、私にとってとてもラッキーなことでした。やまさき先生の絵には、とても温もりがあり、味わいがあります（やまさき先生はコンピューターで描かず、手描きで仕上げておられる、最近では稀少な漫画家です）。共感は、言葉にならない機微を感じ取ることを中心としたものですから、これはとても重要なことなのです。

コミック版の編集にあたっては、やまさき先生の長年のパートナーである大竹力三さんにお世話になりました。また、いつもながら創元社の渡辺明美さんにもお世話になりました。ありがとうございました。

二〇一七年七月

杉原保史

著者プロフィール

原作・杉原保史（すぎはら やすし）

1961年 神戸市生まれ。
京都大学教育学部、京都大学大学院教育学研究科にて臨床心理学を学ぶ。
大谷大学文学部専任講師、京都大学カウンセリングセンター教授、等を経て、
京都大学学生総合支援センター、センター長。
教育学博士（京都大学）、臨床心理士。

主な著書
『心理カウンセラーと考えるハラスメントの予防と相談』北大路書房　2017年
『キャリアコンサルタントのためのカウンセリング入門』北大路書房　2016年
『プロカウンセラーの共感の技術』創元社　2015年
『技芸としてのカウンセリング入門』創元社　2012年
『12人のカウンセラーが語る12の物語』（共編著）ミネルヴァ書房　2010年
『統合的アプローチによる心理援助』金剛出版　2009年
『臨床心理学入門』（共編）培風館　1998年［序文］

漫画・やまさき拓味（やまさき ひろみ）

1949年 和歌山県新宮市生まれ。
1968年 新宮商業高校卒業。
1968年 劇画集団「さいとうプロダクション」入社。
1972年 仲間4人で「オリオンプロモーション」設立。
1974年 小池一夫率いる「スタジオシップ」と合併。
1989年 「バディプロダクション」設立、現在に至る。
デビューは1972年双葉社の「マンガストーリー」誌の「鬼輪番」（小池一夫原作）

主な作品
「英雄失格」（作・梶原一騎）（少年サンデー・小学館）
「青春動物園ズウ」（作・小池一夫）（少年サンデー・小学館）
「ラブZ」（作・小池一夫）（少年サンデー・小学館）
「バディ」（ベアーズクラブ・集英社）
「優駿たちの蹄跡」（ビジネスジャンプ・集英社）
「恐竜くん」（少年チャンピオン・秋田書店）
「優駿の門シリーズ」（少年チャンピオン・秋田書店）
「犬と歩く」（漫画サンデー・実業之日本社）
他多数

作画スタッフ

バディプロダクション
トマス中田　井内貴之　早川恵子

マンガで読《よ》み解《と》く
プロカウンセラーの共感《きょうかん》の技術《ぎじゅつ》

2017年9月20日　第1版第1刷 発行

原　作　杉原保史 ©Yasushi Sugihara 2017
漫　画　やまさき拓味 ©Hiromi Yamasaki 2017
発行者　矢部敬一
発行所　株式会社　創元社
http://www.sogensha.co.jp/
〈本　　社〉〒541-0047 大阪市中央区淡路町4-3-6
TEL.06-6231-9010（代）　FAX.06-6233-3111
〈東京支店〉〒162-0825 東京都新宿区神楽坂4-3 煉瓦塔ビル
TEL.03-3269-1051
装　丁　佐藤雄喜
編　集　大竹力三
印　刷　図書印刷株式会社
製　版　有限会社　双葉写植

ISBN978-4-422-11667-9 C0011